試練に強くなる「カオス発想術」

# 未来は変えられる!

高橋佳子

これまで延べ100万人を超える聴衆を魅了し、
現在も年間50回を超える著者の講演――。
そこでは、人間と世界の真実を明かす理論と、
それを現実に生きる実践者の歩みが紹介される。
「理論」と「実証」は常に1つ――。だからこそ、
「未来は変えられる！」という揺るぎない希望がもたらされるのだ。

試練に強くなる
「カオス発想術」

# 未来は変えられる！

# 目次

## プロローグ——人生タイムマシンを起動せよ

## 1章　未知なる力

## 2章 閉じた「心の回路《サーキット》」からの脱出

# 3章 試練を力に変えるカオス発想術

## 4章　時空を超えてやってくる魂のミッション

（本文・口絵写真のキャプション／文責・編集部）

# プロローグ
# ――人生タイムマシンを起動せよ

## 未来を変えることはできるのか

「明日《あした》目覚めたとき、この現実がまったく変わっていたら、どんなにいいだろう」

誰《だれ》もが1度はそんなことを思ったことがあるのではないでしょうか。

人生は思い通りには進まず、どうすることもできなかった現実を、多くの人が後悔として抱《いだ》いているからです。

しかし同時に、

「未来を変えるなんて、はかない願望でしかない」

そう思っている人も少なくないのではないでしょうか。

私たちが生きるこの世は思うにままならない。たとえ、千百《せんひゃく》の願いを持ったとしても、それが叶《かな》うことはごく稀《まれ》であることを、誰もがわかっているのです。

しかし、それでも――。

長年の懸案《けんあん》や積年《せきねん》の課題、何度挑戦しても乗り越えられない壁《かべ》、これに失敗すれば一切《いっさい》を失うかもしれない賭《か》け……。そうした現実に直面するとき、私たちは再び、「明日、この現実が変わっていたら」と思わずにはいられないのです。

「未来を変えることはできないのか」

それは、人生を切り開くことを願う人々がやめることのできない問いかけなのです。

## 目の前の現実を変えるための装置――タイムマシン

多くのSF作家は、小説や映画の中で、目の前の現実を変えてしまう装置をつくり出しています。

その装置とはタイムマシン――。

タイムマシンは、時間を自由に移動することができる機械です。過ぎ去った遠い過去に逆行《ぎゃっこう》したり、まだ訪《おとず》れていない未来を旅したりすることができるものです。

# タイムマシン

タイムマシンを使えば、時間をさかのぼって過去の世界に行き、
その後の未来を変えることができる

タイムマシンが最初に登場したのは、1895年、英国のH・G・ウェルズが発表した小説、『タイムマシン』。操縦者《そうじゅうしゃ》が自らの意志によって時間旅行をする物語です。タイムマシンを使えば、時間をさかのぼって過去の世界に行き、そこで起こる事態に関わって、その後の未来を変えることができる——。

今、私たちの目の前で起こっている事態は「結果」であり、その結果が生まれる「原因」が、過去のどこかに存在しているはず。だから、過去にさかのぼって、そこで新たな「原因」をつくれば、そこから生まれる「結果」が変わる。それによって、今の現実も、これからの未来も変えることができる、というわけです。

実際、そういったSF作品がたくさん存在します。

映画『ターミネーター』シリーズは、未来を支配する人工知能・スカイネットが人類側レジスタンスのリーダーを抹殺《まっさつ》するために、タイムマシンで過去に送った刺客《しかく》と人間の闘《たたか》いが物語の軸《じく》になっています。

SF小説『クロノス・ジョウンターの伝説』（梶尾真治《かじおしんじ》著）には、交通事故で死んでしまった片想いの少女を救うために、タイムマシンで過去にさかのぼる主人公が登場します。

1980年代の映画『バック・トゥ・ザ・フューチャー』をご存じですか。高校生の主人公マーティーは、自分の存在がなくなるという危機に見舞《みま》われ、過去にさかのぼり、両親を結婚に導《みちび》くことによって解決しようとします。

タイムマシンは、まさに、過去にある「原因」を入れ替《か》えて、「今、ここ」に生まれている「結果」を変える装置なのです。

## 今、新たな「原因」をつくれば、未来は変えられる！

しかし、SFの世界では可能でも、現実の世界では、時間を逆行《ぎゃっこう》するタイムマシンは夢物語に過ぎません。

現在の宇宙科学でも、時間の伸び縮《ちぢ》み――時間が速く進んだり、遅《おそ》く進んだりすること――は認めても、逆行することは否定します。過去に戻って、原因を取り替《か》えることはできないというのです。

では、本書が『未来は変えられる！』というタイトルを掲《かか》げているのは、なぜでしょうか。ここで考えてみていただきたいのです。

タイムマシンは過去にさかのぼり、そこにある原因を変えることによって、現在と未来を変えるものです。原因が結果を生み出すことを考えれば、未来を変えるには、わざわざ過去に戻らなくても、今、このときに、未来を変える新たな「原因」をつくり出せばよい（図1）――。そのはずです。

過去にではなく、現在に新たな「原因」をつくることによって、私たちは、新たな「結果」――思い願う未来を創造することができる！

それは、実に明快な処方箋《しょほうせん》であり、タイムマシンの夢物語に比べれば、一見、簡単なことのように思えます。「当たり前のことじゃないか」と思う人もいるかもしれません。しかし、事《こと》はそう単純ではないのです。

## なぜ、未来を変えることができないのか

実際、そうやって未来を変えようとしても、多くの人はなかなか成功しません。なぜなら、人間は「これまで生きてきたように」今を生き、これからを生きてしまうからです。新しい生き方、新たな「原因」を生み出すことは、想像以上に困難なことなのです。

そして、昨日と同じように今日が続き、今日と同じように明日が続いてゆく――。

## 未来を変える原因と結果

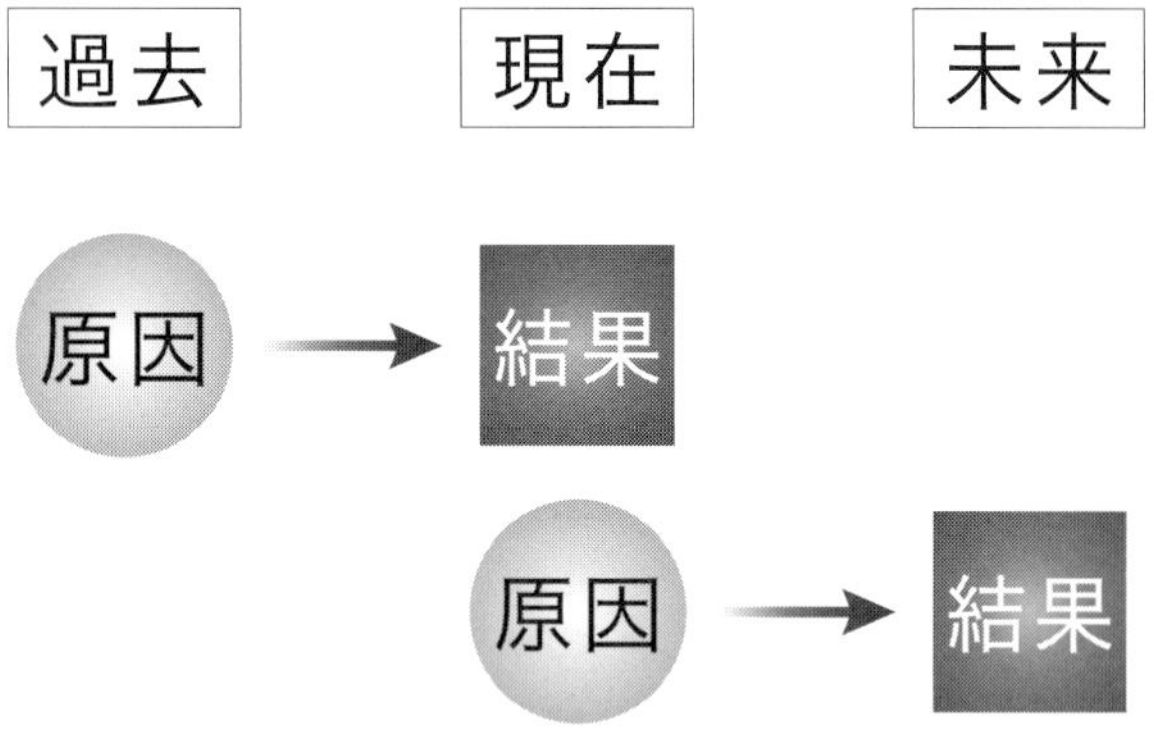


過去にさかのぼらなくても、今このときに、新たな原因をつくれば、
未来を変えることができる

図1

その果《は》てに、「結局、未来を変えることなんてできないんだ」、そんな結論を導《みちび》いてしまうのではないでしょうか。

未来を変えたいと望んでも、なぜ変えることができないのか。なぜ人間は、変えたいと思っても、これまでと同じ生き方を相《あい》も変わらず繰《く》り返してしまうのか。

私は、この本で、その謎解《なぞと》きをしたいと思います。

未来を変えることを阻《はば》んでいる見えないX《エックス》――人生の呪縛《じゅばく》を解消《かいしょう》し、実際にあなたに発展と深化、調和に満ちた新たな未来を創造していただくこと――。それこそが本書の目的であり、願いです。

## 結果に追われる人・原因をつくる人――異《こと》なる宇宙に生きる人たち

未来を変えられる人、変えられない人。

実は、その2人を分ける決定的分水嶺《ぶんすいれい》があります。

ここで、ある2人のサラリーマンの1日を思い浮《う》かべてください。

まずはAさん――。Aさんの1日はこんな感じです。

朝、会社に行ってメールをチェックする。企画書の提出を催促《さいそく》するメールが届《とど》いている。あ、そういえば、明日が締切《しめきり》だった……。

デスクで仕事をしていると、突然、上司から呼びつけられ、叱《しか》られる。上司はまったく自分のことを理解してくれない。どうしていつも自分だけが叱られるんだよ!?これだけ頑張《がんば》っているのに。

部下のC君とは、なかなか意思疎通《いしそつう》がうまくいかないなあ。彼は、会社も休みがちだ。いったいどうなっているんだ。

午後の会議では、取引先との交渉《こうしょう》が暗礁《あんしょう》に乗り上げる。気分が落ち込む。

ああ、毎日、毎日、困ったことばかりだ。なんでこんなことになるんだろう……。

Aさんは疲れ、重い気分の中で1日が終わってゆきます。

次はBさん――。

今日は、午前中の時間が比較的空《あ》いている。締切はまだけっこう先だけど、プロジェクトの企画書を書くための資料集めをしておこう。よーし、いい企画書を書くぞ！そのために、自分の考えをあらかじめ上司に伝えて、十分な意思疎通を図《はか》っておいた方がいい。問題意識を共有しておく必要もある。

そう言えば、最近、部下のD君の元気がないなあ。悩みがあるのかもしれない。仕事が終わったら、飲みに誘《さそ》って、じっくり話を聞いてみようか。

この間の取引先との交渉がうまくいかなかったのは、先回の会議で、自分のデータの提示の仕方が甘《あま》く、こちら側の意図《いと》が十分に伝わっていなかったことが原因だ。次の会議で、どのようなプレゼンをすればよいだろうか。足りない点を改善して、何とかこの状況を打開してゆこう。


AさんとBさんの間には、明らかな違いがあります。

その違いは何だと思われますか？

Aさんは、起こった出来事の後追いを繰《く》り返しています。

つまり、次々と目の前に現れる「結果」を見て、悶々《もんもん》としているのがAさんです。

一方、Bさんは、結果をもたらす「原因」に意識が向いています。

自らが願う「結果」をつくり出すために、どのような「原因」をつくればよいのか。それを前もって考えているのです。

Aさんは「結果に追われる人」。Bさんは「原因をつくる人」。

あなたはどちらのタイプでしょうか？

## 宇宙を分ける2つの時の流れ《ストリーム》

Aさんと Bさんの生きている世界の違いをさらに考えてみましょう。

まず、この世界には、2つの時の流れがあると考えてください。

本書では、その「時間の流れ」を「ストリーム」と呼びます。

1つの時の流れは**「結果ストリーム」**です。そこでは、次々と「結果」が現れます。先ほどのAさんが生きていたのが、この「結果ストリーム」です。

もう1つの時の流れは**「原因ストリーム」**。そこでは、「結果」に先行する「原因」が次々とつくり出されているのです。Bさんは、この「原因ストリーム」の流れを生きていたことになります。

結果ストリームと原因ストリーム（図2）。わずかな違いに見えるかもしれません。

しかし、この2人は、同じ時間、同じ場所を生きていても、実は、次元が違う2つの宇宙、異《こと》なる時間の流れを生きているようなものです。

そしてそれゆえに、どちらのストリームの中を生きるかによって、私たちの日々の生活はまったく変わってしまいます。

もし、読者の皆さんが、本当に未来を変えたいと思うなら、この2つのストリーム

## 結果ストリーム・原因ストリーム

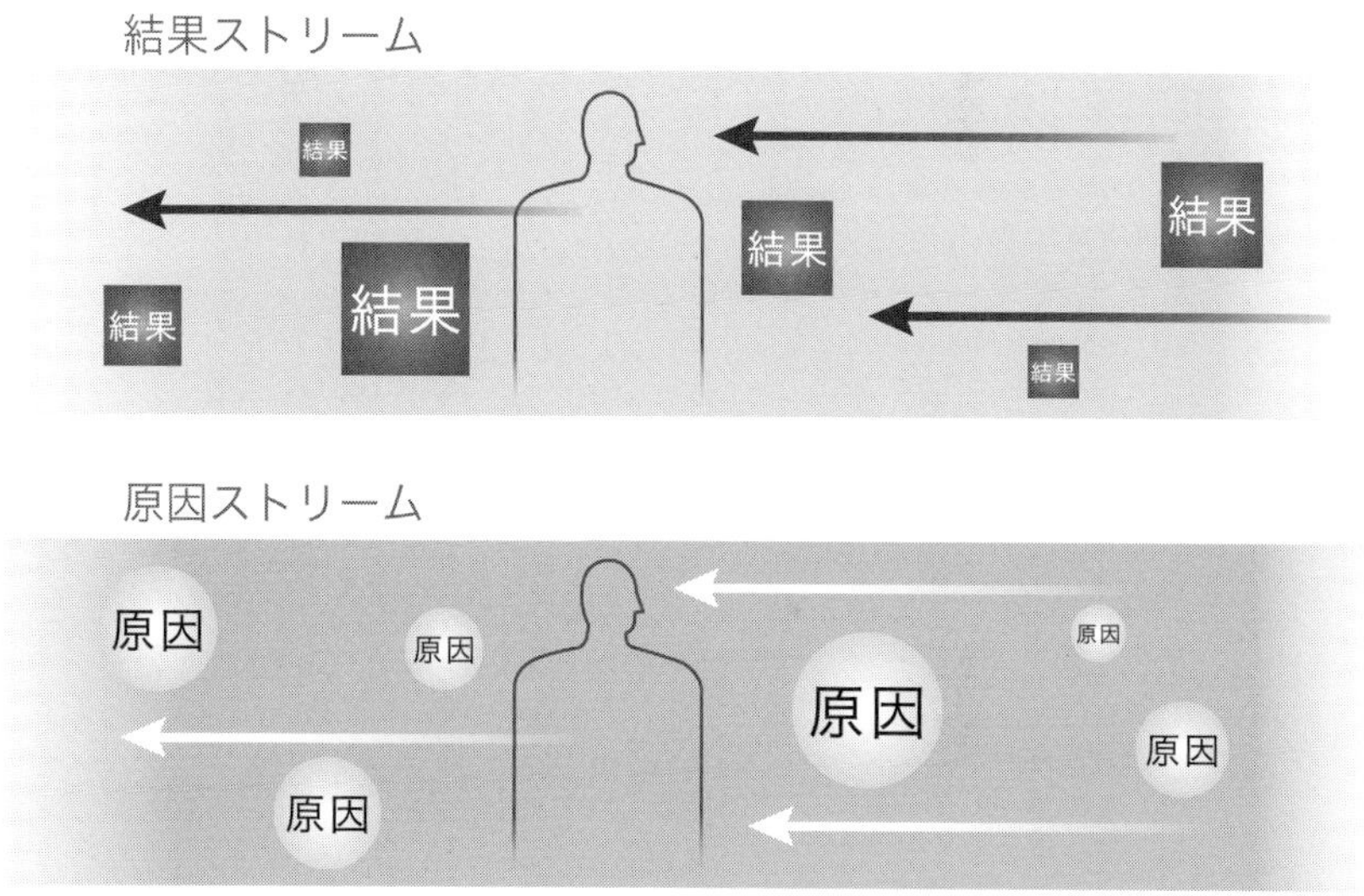


どちらのストリームの中を生きるかによって、
私たちの日々の生活はまったく変わってしまう

図2

QRコードにアクセスすると、さらに詳しい図の情報が得られます。

の法則をマスターすることが不可欠なのです。

## 結果未生《けっかみしょう》のカオス――原因ストリームの秘密

「結果ストリーム」の中を生きる人は、すでに動かしようがない「結果」(現実)ばかりを見ることになります。次々に現れる現実に振り回されざるを得ません。すでに変えることのできない塊《かたまり》のような現実が、次から次に目の前に現れる。それを見て「よかった」、あるいは「ダメだった」――。

結果ストリームの中では、世界はその2つの姿しか持ち得ないのです。マルかバツか、プラスかマイナスか。それはもう決定済《ずみ》の現実です。しかも、このマルとバツの数は均等《きんとう》ではなく、圧倒的にバツの方が多いのです。

マルかバツかに一喜一憂《いっきいちゆう》し、バツの場合は「どうしてこんなことになるのか」、そうつぶやいて誰《だれ》かを責《せ》める……。

どんなに激しく一喜一憂しても、結果ストリームの中にいると、私たちの感覚は、やがてマル・バツに機械的に反応するだけになり、鈍化《どんか》してゆきます。それ以上の大切な何かを受け取ることができなくなってしまうのです。そこにあるのは、主体的な生き方からはほど遠い、受動的、依存《いぞん》的な生き方です。

一方、「原因ストリーム」を生きる人は、結果としてのマルかバツが決定する前の時間を生きています。そこで新たな「原因」をつくろうとしているのです。

そこには、まだマル・バツが決定される以前の、可能性と制約の両方を含んだ「結果の種《たね》」がたくさん生まれています。

そのような結果未生（結果が決まる以前）の状態を、本書では「カオス」と呼びます（図3）。

詳《くわ》しくは3章で取り上げますが、「カオス」は、光にも闇《やみ》にも、成功にも失敗にも、プラスにもマイナスにも、発展にも停滞《ていたい》にも、創造にも破壊《はかい》にもなり得る状態です。未来を変えるためには、マルかバツに固定される以前、カオスの状態にある事態に触《ふ》れる必要があります。

姿も形も定まっていないカオスの中にまどろんでいるプラスとマイナスを見きわめ、そこに新たな未来の種を見つけ出し、現実にしてゆく——。「原因ストリーム」は、未来をカオスと捉《とら》えて願うものに変えてゆける真の勝者の道であり、「結果ストリーム」は、未来をどうすることもできない敗者の道なのです。

# カオス

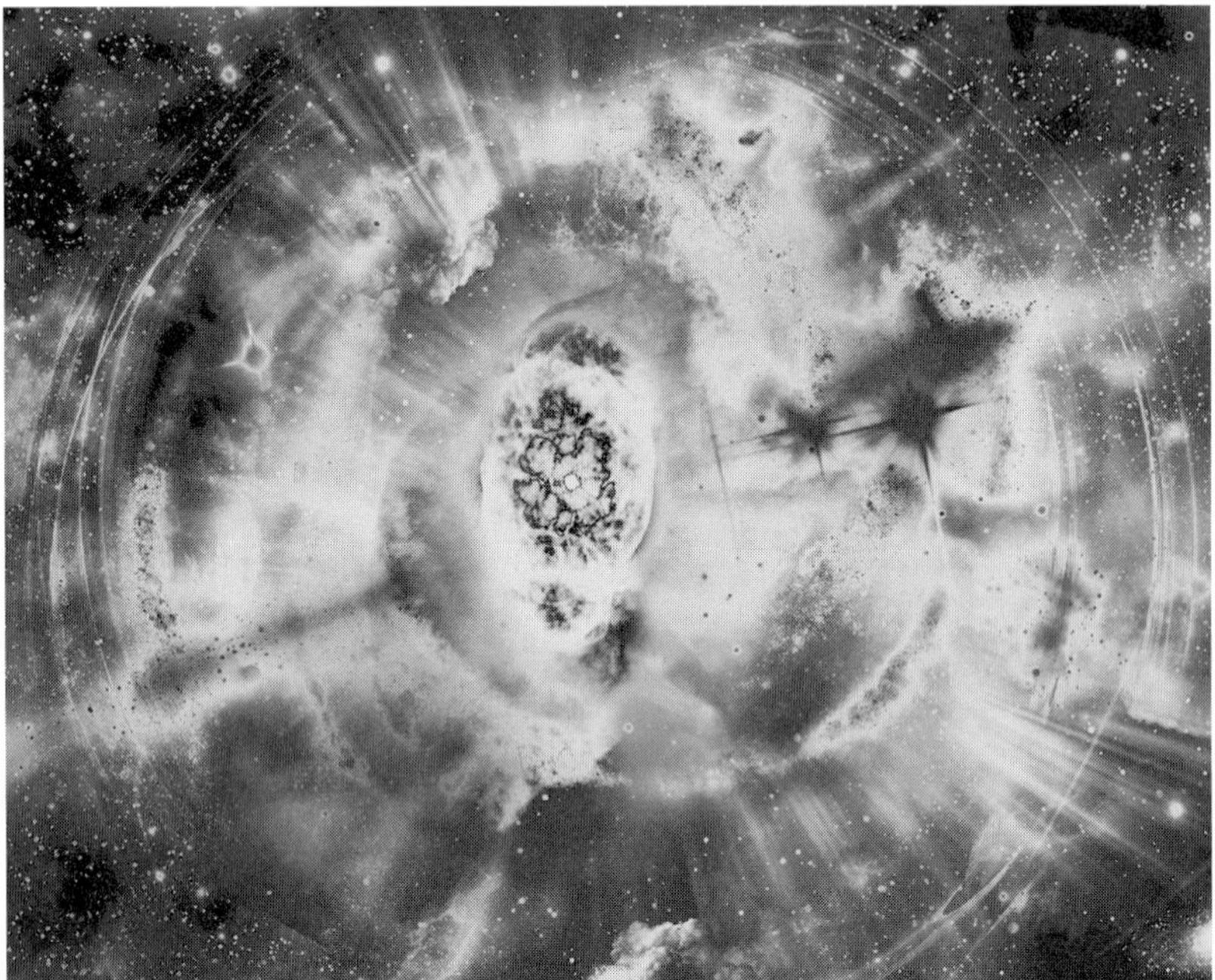

カオスとは、光にも闇にも、
成功にも失敗にも、プラスにもマイナスにも、
発展にも停滞にも、創造にも破壊にもなり得る状態である

図3

QRコードにアクセスすると、さらに詳しい図の情報が得られます。

## 歴史の変革期――活発化する2つのストリーム

とりわけ歴史の変革期においては、この2つのストリームの違いが顕著《けんちょ》に表れます。新たな歴史を築《きず》く人は、決まって「原因ストリーム」の中を生きています。特別な感覚、覚醒感《かくせいかん》を抱《いだ》いて、時代の向こうからやってくるカオスに対峙《たいじ》していると言ってもよいでしょう。

原因ストリームを生きる人の眼に映《うつ》っているものは、10年後、20年後に決定的な姿となって固定化されることになる「巨大カオス」なのです。

一方、「結果ストリーム」を生きる人の眼に映るものは、長い時間を通してつくられた「経緯《いきさつ》」と、多くの人々の思惑《おもわく》から生まれた「しがらみ」、そしてそれらが絡《から》み合ってどうにも動かしようがない現実です。過去の繰《く》り返し、過去の延長線上にある現実感が心の基調《きちょう》です。

残念なことですが、時代の変革期にあっても、多くの人たちは、結果ストリームの中にとどまったままです。なぜなら、人は生まれ育ちの中で、そこにある生き方を吸《きゅう》収《しゅう》し、その通りに生きるようにプログラミングされるからです。

結果ストリームを生きる人たちには、原因ストリームを生きる人たちが、なぜそのように行動するのかが理解できません。それぞれ隔《へだ》てられた別々の世界――まったく異《こと》なる時間の流れの中を生きているからです。

## 龍馬《りょうま》が見たカオス

たとえば、わが国の明治維新《いしん》のときがそうでした。

明治維新に参画《さんかく》したのは、たかだか3千人であったと言われています。つまり、その後の日本の形をつくり出す「巨大カオス」を見ることができたのは3千人しかいなかったということです。

当時の日本は200年以上も続く確固たる幕藩体制《ばくはんたいせい》のもと、江戸幕府《ばくふ》が傾《かたむ》くなどということは、誰《だれ》も信じなかったでしょう。ほとんどの人は、結果ストリームの中にあって、カオスの存在に気づいてさえもいなかったのです。

原因ストリームを生きることができた数少ない先駆者《せんくしゃ》の1人が坂本龍馬《さかもとりょうま》でした。坂本龍馬の数ある逸話《いつわ》の中で、私がもっとも好きなエピソードがあります。それは、まだ志を抱《いだ》く以前の青年坂本龍馬が、勝海舟《かつかいしゅう》に会いに行った場面です。

話は、日本に巨大な黒船を派遣《はけん》したアメリカ国のこととなり、突然、龍馬が海舟に尋《たず》ねます。

「ワシントンの子孫《しそん》は、今、どこで何をしているのでしょうか」

アメリカの初代大統領ジョージ・ワシントンと言えば、アメリカの徳川家康と言ってもよい存在。しかも、江戸幕府を開いた徳川家康以来、将軍は延々《えんえん》と14代続き、武士なら誰《だれ》もが将軍の名前を知っている。龍馬がそう尋ねたのも自然なことでした。

ところが、海舟はこう答えるのです。

「そんなことはわからんよ。どこかで、下駄屋《げたや》をしているか、靴屋《くつや》をしているか、そんなことは、誰も知らん」

アメリカの大統領は、選挙によって選出されている！ いわば入れ札《ふだ》によって、国民1人ひとりの意思によって、将軍が選ばれているという事実を龍馬は知ります。

それは日本がまだ見たことのない未来――。

つまり、青年龍馬も、その始まりは結果ストリームの中にいて、すでに動かしがたい歴史の産物、時代の「結果」しか見えていませんでした。

「これを見よ――」

海舟は、その龍馬に明治維新後の日本につながる「巨大カオス」を見せたのです。

龍馬は心底《しんそこ》驚き、仰天《ぎょうてん》します。そして、自分が見たそのカオスを、皆に見せようと東奔西走《とうほんせいそう》します。絶対不可能だと言われた宿敵《しゅくてき》同士の薩長同盟《さっちょうどうめい》――。龍馬は、薩摩《さつま》の西郷隆盛《さいごうたかもり》に、そして長州《ちょうしゅう》の桂小五郎《かつらこごろう》に、「このカオスを見よ！」と訴《うった》えたのです。

「これを見たら、薩摩だ、長州だなどと言っている場合じゃないだろう！」

## 原因ストリームへのジャンプ

話を戻《もど》しましょう。本書を手にされたあなたは、きっと「自らの未来を変えたい」、そう思われているでしょう。

未来を変えるためには、勝海舟《かつかいしゅう》や坂本龍馬《さかもとりょうま》がそうしたように、マル・バツ化してしまう以前の「カオス」を捕《つか》まえなければなりません。

そのカオスは、「結果ストリーム」の中に見つけることはできません。結果ストリームの中では、カオスはカオスのままにとどまることはできず、すぐにマルとバツの姿に結晶化《けっしょうか》してしまうからです。カオスが生息《せいそく》できるのは、「原因ストリーム」という宇宙の中だけです。

目の前の現実を本当に何とかしたい。その責任を自分が引き受けようと思った人だけが、原因ストリームに踏《ふ》み入ることができる。そしてそこで、カオスを見ることができる。さらに新しい未来のための原因をつくることができるのです。

ですから、もしあなたが、今、結果ストリームの中を生きていると感じるならば、時空《じくう》の壁《かべ》を越えて、原因ストリームにジャンプしなければなりません。

結果ストリームから原因ストリームへのジャンプ——それは、まさに次元を超える移動そのもの。言うならば、過去や未来への行き来《き》にも勝《まさ》る「人生タイムマシン」のなせる業です。

本書では、そのジャンプを可能にする「人生タイムマシン」のつくり方をあなたに伝授します。

## 未来を変えるための4章

未来を変えることの難《むずか》しさは、言い換《か》えれば、「結果ストリーム」から「原因ストリーム」にジャンプすることの難しさです。

原因ストリームにジャンプするには、どうすればよいか。

まずは、それだけのエネルギーが必要です。

**1章「未知なる力」**では、ストリームをジャンプするためのエネルギーはどこにあるのか、そのエネルギーを取り出すにはどうすればよいか。その源《みなもと》になっている「魂」の力についてお話しします。

**2章「閉じた『心の回路《サーキット》』からの脱出」**では、原因ストリームにジャンプする基本をマスターします。私たちを結果ストリームに縛《しば》りつける心の回路《サーキット》から脱出《だっしゅつ》する道を探求《たんきゅう》します。

**3章「試練を力に変えるカオス発想術」**では、私たちが人生で必ず経験する「試練」が、実はジャンプの鍵《かぎ》になることを学びます。試練をカオスと受けとめ、結果ストリームから原因ストリームへのジャンプを果《は》たす「カオス発想術」の実際です。

しかし、結果ストリームから原因ストリームへのジャンプを果たして終わりではありません。実は、そこで私たちがしなければならない本当の仕事があります。それは、自らの魂の願い、人生の使命《ミッション》と言うべきものを果たすこと――。

**4章「時空《じくう》を超えてやってくる魂のミッション」**では、心の奥深くにある願い、人生の使命を見出《みいだ》してゆく旅に、読者1人ひとりと共に向かいたいと思います。

# １章 未知なる力

## 突然の事故

２００8年4月25日午前10時半、広島県安芸《あき》郡にあるＪＲ呉《くれ》線坂《さか》駅には、春の暖《あたた》かい日差しが注いでいました。周囲を自然に囲まれた小さな駅です。

近くに住む主婦の大山敏恵《おおやまとしえ》さんは、ホームに立って電車を待っていました。

もともと病気がちで、この日も体調がよくなかった大山さんは、アルバイトを休んで、かかりつけの病院に行く途中だったのです。

呉発広島行きの下り普通列車がホームに近づいてきたときのこと――。

大山さんは突然、胸の痛みに襲《おそ》われ、息苦しくなりました。

「あ、しゃがまないと危《あぶ》ないな……」

そう思って、その場にしゃがんだつもりでした。

しかし――。

気がつくと、大山さんの目の前には線路の枕木《まくらぎ》がありました。そこから線路と砂利《じゃり》がずっと遠くまで続いているのが見えました。

キーッ！　ギギーッ！　同時に耳をつんざくブレーキの音。車輪からは湯気《ゆげ》のようなものが出ていました。

大きな列車の真下にいることに気づいた大山さんは、初めて自分が気を失って線路に転落し、列車の下敷《したじ》きになってしまったことを知ったのです。

左足が車輪とレールの間に挟《はさ》まれている。堪《た》えがたい激痛。

列車のドアから出てきた車掌《しゃしょう》さんが、大きな声で何か叫《さけ》んでいる。周囲の人たちの騒然《そうぜん》とした声――。

左足だけでなく、頭にもひどい痛みがありました。手を当ててみると、ドロッとした感触。

ホームから転落したときに頭を打ち、大量の血液が流れていたのです。

左足はよく見えませんでしたが、「きっとすごい出血だろうな」と思った瞬間、

「ああ、私、死ぬかもしれない！」

「あと何秒、あと何分、生きられるのかしら!?」

実際、このとき、大山さんの身体から3・5リットルもの血液が流れ出ていたと言います。多くの場合、出血性ショックで生命の危険にさらされる状態です。

しかし同時に、大山さんはこう思ったのです。

「残された時間がないなら、どうしても話したい人たちがいる……」
ふと目を向けると、近くにバッグが落ちていました。手が届《とど》くギリギリのところに
それはありました。何とかたぐり寄せて、その中から携帯電話を取り出した大山さん
は、なんと電話をかけ始めたのです。

## あり得ない行動

「主人の声を聞きたい。もう一度会いたい！」
最初に電話をかけたのは、ご主人でした。
このところ、行き違いが生じ、決してうまくいっているとは言えなかったご主人と
の関係——。大山さんは、それをそのままにすることはできなかったのです。
「お父さん、今、私……電車にひかれちゃったの。坂駅。すぐ来て！」
大山さんは、今、自分が駅で事故に遭《あ》い、大変な状態にあること、時間が限られて
いるかもしれないことを伝えました。
次に、日頃、「魂の学」を研鑽《けんさん》し、多くの友人たちと活動している広島の本部に連
絡しました。自分の末期《まつご》を想い、迷惑をかけないように、今、自分が置かれている状

況を伝えたのです（「魂の学」とは、目に見える世界だけではなく、目に見えない世界、心と魂の次元をも含《ふく》めて、人間の生き方をトータルに探求する体系のこと）。

さらにその数分後、長女に電話をかけました。

当時、娘さんは、同じように夫婦の関わりに悩みを抱《かか》えていました。事故のことを伝えるとともに、「夫婦は本心から話すことが大切よ。ぜひそうしてみたら……」とアドバイスしたのです。

3度の電話――。それは、大山さんにとって、何にも代《か》えがたい大切な時間でした。

しかし、そうした行動を取れたこと自体、驚くべきことです。

医療者の見解からすれば、常識では考えられないことだと言います。3・5リットルもの大量な出血があれば、多くの場合、気が動転して混乱し、やがて意識も遠のき、出血性ショックから出血死に至《いた》ることになるからです。

## 不思議な感覚に包《つつ》まれていた

「電車にひかれたまま、携帯電話をかけている人がいる!!」

車掌《しゃしょう》さんや駆《か》けつけた救急隊員も、その姿に驚きました。

しかし、左足を車輪とレールの間に挟《はさ》まれた大山さんは身動きが取れません。

明らかに、生命の危険が迫《せま》っていました。

「大丈夫ですか!? 名前は言えますか？ 住所は？」

何度も呼びかける救急隊員の声――。

ところが大山さんは、救急隊員の質問には答えず、カバンの中から保険証をサッと出して手渡したのです。自分に残されたわずかな時間を、大切な人との会話に使いたかったからでした。

しかし、足の痛みはひどくなっていました。あまりに痛くてじっとしていられず、大山さんは身体を動かそうとしました。そのとき、車両の下に潜《もぐ》っている人たちの姿が見えて、こう思ったのです。

「もし今、私が動いて、何かよくないことが起こってはいけない。無理に私が動いたら……。皆さんにお任《まか》せしよう」

死に直面した状況で、自分の行動が周囲に与《あた》える影響にまで想いを馳《は》せる――。

なぜそんなことが可能だったのでしょうか。

大山さんはそのとき、不思議な感覚に包まれていました。

「列車にひかれているのに、なぜか心が落ち着いていたんです。あっ、ひかれていると思った瞬間、自分の心がフワーッとどこまでも広がっていって、とても不思議な感覚になりました。もう一人の自分が自分を見て、今、何をしなければならないか、冷静に判断しているような感じでした」

## もともとはそんな人ではなかった

現場の車掌《しゃしょう》さんも、レスキュー隊も、救急隊員も、誰《だれ》もが大山さんの行動に驚きを隠《かく》せませんでした。

「こんな人は見たことがない。どうしてあんなに落ち着いていられるのか」「普通ならパニックになるか、気を失ってもおかしくない。なのに、落ち着いて自分から電話をかけている！」「すごい人だ」……

しかし、大山さんは、元からそういう人であったわけではありません。かつては、そんな行動ができる人ではなかったのです。

大山敏恵《としえ》さんは、広島県三原市の出身。４人の子どもを持つ父親が母親と再婚し、そこに敏恵さんと弟が生まれました。先妻《せんさい》の子どもたちがいる結婚生活は、母親にとっては気苦労が絶《た》えないものでした。

娘の大山さんも、異母《いぼ》きょうだいとなかなか心を通《かよ》わせることができず、複雑な家庭環境の難《むずか》しさをそのまま抱《かか》えることになったのです。周囲に気を使うことを強《し》いられ、心安らぐことがありませんでした。

そんな環境の中で、いつしか大山さんは、何事に対しても一歩引いてしまうようになり、消極的で引っ込み思案《じあん》な性格をつくってゆきました。

「私にはとても無理」

「どうせ私なんか」

「私はいいです……」

大山さんの口癖《くちぐせ》でした。

再婚同士の家庭は、安定することはなく、両親の間にも様々なすれ違いが生じていました。

「どうしたらいいのだろう」

大山さんは心を痛め、バラバラになりそうな家庭を何とかつなぎ止めたいと思いながら、どうすることもできずに悶々《もんもん》としていたのです。

重い気持ちを抱えたまま、やがて縁あって大山さんは結婚し、実家を後にしました。

## 希望を運んできた「魂の学」

そんな大山さんが30歳になった頃のこと——。

初めて私の講演会に参加し、人間を魂として捉《とら》え、その魂が抱《いだ》いている潜在《せんざい》的な力を引き出す「魂の学」に心惹《ひ》かれ、学び始めるようになりました。

様々なセミナーやシリーズ研鑽《けんさん》で学ぶにつれて、やがて「魂の学」は、大山さんにとって生きる土台となったのです。

「心と現実はつながっている」「試練は呼びかけ」「すべては条件」……

大山さんは、心で深く納得し、それを自分の生き方にしてゆきました。

そして、祈るような気持ちで、両親にも伝えました。

すると、両親も少しずつ「魂の学」を学び始め、やがて夫婦の関わりがまったく変わってしまったのです。

ギスギスしていた関係は嘘《うそ》のように消えてしまった。互《たが》いによく声をかけ合い、話をするようになって、いつの間にか仲の良い夫婦になっていたのです。

家族のことで苦しんできた大山さんは、深く癒《いや》されました。

それだけに、大山さんの「魂の学」に対する信頼は、言葉で表せないほど大きなものとなったのです。


あの列車事故に巻《ま》き込《こ》まれたとき、なぜ大山さんは、周囲が驚くほどの冷静さを保つことができたのか。危急《ききゅう》の事態にあって、自分のすべきことに集中することができたのはなぜか——。

それは、日頃から学んでいた考え方、生き方が心深くに染《し》みこんでいたからです。

自分の願いを見つめ、「自分が今もっとも大切にしたいことは何か」を問い続け、大切なことの優先順位がはっきりとしていたからこそ、危急のときにとっさに取ることができた行動だったのです。

## 「やるだけのことをやりましょう」

事故現場での救助は、困難をきわめました。

しかし、大量出血にもかかわらず、大山さんはパニックにならなかった。その冷静さによって、レスキュー隊とのコミュニケーションもスムーズに進み、ヘリコプターで広島市内の病院に運ばれました。

緊急《きんきゅう》手術を受けた大山さんは、奇跡的《きせきてき》に一命《いちめい》を取り留《と》めました。

しかし、左足の膝《ひざ》から下を切断することを余儀《よぎ》なくされたのです。

医師は、傷の状態から考えて、命のためには切断するほかないことを駆《か》けつけたご主人に告《つ》げ、ご主人もその処置をお願いしました。

大山さんが左足切断のことを聞いたのは、その翌日――。ご主人からでした。

「すごく迷《まよ》ったけれど、命を救うにはそれしかないと思ったんだ……」

病室の大山さんに、ご主人は苦渋《くじゅう》の決断をしたことを伝えました。

「これからどうやって生きてゆけばいいのだろう」

大山さんは、そう思う一方で、もう命はないと覚悟《かくご》していただけに、今、自分が生きていること、生かされていることに感謝せずにはいられませんでした。

そして、「今までの自分を超えて、もっと懸命《けんめい》に生きてゆこう」という想いになったと言います。

私は、大きな試練の中にある大山さんとご家族のために祈りました。そしてこうお伝えさせていただきました。

「人の生死《せいし》というものは、神様にしかわからない。だから、これからどんな状況が訪《おとず》れても、自分で『もうダメだ』と思ってしまうのではなく、やるだけのことをやりましょう。そうすれば、必ず新しい未来が開かれてゆきますよ」

その後、セミナーや講演会などで、チャンスがあるたびに時間をつくって大山さんにお会いし、近況をお聞きしたり、私にできる限りの励《はげ》ましを続けたりしてゆきました。

大山さんにはまだ眠っている力がある。私には見えるその力を大山さんにも信じていただきたかったのです。

## さらなる試練

しかし、左足を失ったことは、大山さんに幾多《いくた》の試練をもたらしました。とりわけつらかったのは、生きがいでもあり、心の支《ささ》えでもあったボランティア活動ができなくなったことです。

その上、これまでやっていた仕事もできなくなり、大山さんの日常は大きく変わりました。重くのしかかる現実に、絶望的な気持ちになることもありました。

それだけに、リハビリが始まったとき、大山さんは大きな期待を抱《いだ》いたのです。

「何とかリハビリを成功させて、また動けるようになりたい――」

ところが、それも順調にはいきませんでした。

義足《ぎそく》をつけてリハビリに挑戦したものの、痛みがひどく、とても続けることができません。しかも、事故によって右足の腱《けん》も断裂《だんれつ》していたことがわかり、松葉杖《まつばづえ》や車いすの生活を余儀《よぎ》なくされたのです。

そうした状況の中で、身体を十分動かすことができなくなっていた大山さんは、体重が増加して筋力も低下し、血圧は230に上昇するなど、体調不良に見舞《みま》われてしまったのです。

そんな大山さんに、さらに追い打ちをかけるように試練が襲《おそ》います。

ご主人が口から出血し、検査の結果、末期《まっき》の舌《ぜつ》がんであることがわかり、余命3カ月と宣告《せんこく》されたのです。

「自分の人生もどうなるかわからないのに、大切な夫まで末期のがん？　いったい私はどうすればいいの……」

決定的な打撃でした。

## 事態を自分に引き受ける

追い詰《つ》められた大山さんは、肉体的にも精神的にも堪《た》えがたい苦しみに襲《おそ》われていました。

大山さんは、いつも拙著《せっちょ》『新・祈りのみち』（三宝出版）を傍《かたわ》らに置くようになっていました。何かあって気持ちが揺《ゆ》れ動くとき、祈りの言葉に向き合うことによって、心を立て直していたのです。

事故の後、特に心に響《ひび》く祈りの一節がありました。

「逆境とは、眠れる魂への揺《ゆ》さぶり――。……苦しくてもつらくても、たたかれてもつき放されても、……まごころを尽《つ》くすことを忘れない。そうすれば、必ず道は開かれる。念ずれば嵐《あらし》は過ぎ去る。……」

もうこれしかない！　念じてゆけば、もしかしたら、未来は開かれるかもしれない。苦悩の淵《ふち》に沈《しず》んだ大山さんの心に、一すじの希望の光が射《さ》し込んだ瞬間でした。そして、この言葉を何度も繰《く》り返し心に刻《きざ》んでゆく中で、少しずつ気持ちを立て直してゆきました。まさに祈りの言葉は、表面意識から潜在《せんざい》意識へと浸透《しんとう》してゆき、さらにその奥の魂の次元にはたらきかけて、そこからエネルギーを引き出し始めたのです。

「試練が来ると、私はすぐにあきらめてしまう。これまで、ずっとそうやって生きてきてしまった。でも――今度こそ、違う人生を歩んでみたい」

「確かに、私は左足を失った。でも、それはそういう条件を背負《せお》ったということなんだ。ならば、その条件を引き受けて、これからの人生をどう生きるか。何を願い、どこをめざして生きてゆくのかが大切――」

事態を本当に引き受けることへと、大山さんの心は定《さだ》まってゆきました。

心だけではありません。祈りや瞑想《めいそう》によって心が定まるならば、それは肉体にも光転の力をもたらします。本来的な目的に向かって歩むとき、精神と肉体の各器官は完全に調和し、新たな力を得るのです。

それは、私が同伴《どうはん》させていただいた何千という人々が証明しています。

大山さんは、さらに「ウイズダム」の取り組みを通じて、自分の気持ちとこれから歩むべき道を尋《たず》ねてゆきました。

「ウイズダム」とは、自分が本当に願っていることを明らかにして、問題を解決し、新たな現実を生み出すためのメソッドです。向かうべき「目的・願い」を描《えが》くことを何よりも大切にし、事態の現状に向き合う自らの意識を転換することによって、解決と創造に向かいます。

それは、目の前の現実に「どうしよう」と反射的に反応する生き方ではありません。

何よりもまず「どうあらんとするか」。自分はどう生きたいのか、何を願うのかを問う、魂としての生き方。潜在的な魂の力を引き出す生き方です。私たちの現実・事態を「カオス」と捉《とら》えて、その中にある可能性と制約を見きわめ、願い・目的を果《は》たす道を尋《たず》ねてゆくのです。

## 分水嶺《ぶんすいれい》――原因ストリームへのジャンプ

ウイズダムに取り組む大山さんの中で、確かになった願いがあります。

「義足《ぎそく》で、大地を踏《ふ》みしめて10メートル歩いてみたい！」

事故後、大山さんは、もともと車いすではなく、義足を使いたいと思っていました。ところが、いざ義足を試《ため》してみると、あまりにも痛みがひどくて装着《そうちゃく》できず、断《だん》念《ねん》せざるを得なかったのです。

「これはもう無理だ……」

振り返れば、そこから事態の暗転《あんてん》が始まっていました。

しかし、もう1度大地を踏みしめて歩きたい――心の奥から再びそんな願いが立ち上がりました。同時に大山さんは、自分自身の内に潜《ひそ》んでいた問題にも気づいていったのです。

「義足のことも、私はこれまで依存《いぞん》していた。与《あた》えられるものをただ受けとるだけで、自分が本当にどうしたいのかと考えることがなかった。もちろん、義足をつくっていただいて有難《ありがた》いと思っていたけれど、自分で考え、自分で探《さが》すことをしていなかった」

大山さんの心の中で何かが変わりました。

それこそ、大山さんにとっての決定的な分水嶺だったのです。

さっそく、自分に適《てき》した義足を求めてインターネットで調べてゆきました。その中から、東京の著名《ちょめい》な義足制作者にダメでもともとと電話をしてみると、「すぐに来てください」という返事！　願いを定めることで世界の側が応《こた》えてくれる。大山さんは、ウイズダムの転換の力に改めて驚きました。

ここで大山さんに起こったこと――。

それは、「結果ストリーム」から「原因ストリーム」へのジャンプです。

与えられた義足が合うか合わないか。そのことに一喜一憂《いっきいちゆう》していた大山さんは、自分から義足を探すこともしなかった。

そうではなく、自分が求める義足を自分から探す。立ち現れた結果に振り回されるのではなく、自ら新しい現実を生み出してゆく。自分が願う未来のために、その原因を自らつくってゆこうと新たな1歩を歩み出したのです。

## 1億総自己ベストの1人になる——昨日よりも今日、今日よりも明日

多くの義足《ぎそく》を探《さが》し、様々な義足を試《ため》した中から、大山さんは1つを選びました。そして、その新しい義足をつくるために東京で入院し、1度挫折《ざせつ》した義足への再挑戦が始まったのです。

義足歩行の訓練は、大山さんにとって未体験ゾーンです。足の痛みをこらえ、少しずつ慣《な》れてゆきました。辛抱《しんぼう》のいるリハビリでした。

その大山さんを支《ささ》えたものがあります。

「自己ベスト」を生きたいという想いです。

拙著《せっちょ》『1億総自己ベストの時代』（三宝出版）を読んだ大山さんは、その内容に自分の気持ちを重ね合わせたのです。

「ああ、私も1億総自己ベストの1人になりたい。昨日よりも今日、今日よりも明日、一歩でも前に進もう！」

あきらめそうになったときも、「今よりも1歩だけ、1呼吸だけ前に」と自分に語りかけ、懸命《けんめい》に取り組みました。

厳《きび》しいリハビリの訓練によって、初めは立つことも大変だった大山さんが、数歩歩

研修終了後、大山さんと対話する著者。7年前の事故直後から現在に至るまで、著者は、折あるごとに大山さんに出会ってきた。そして、その都度、試練からの「呼びかけ」を聴き、未来への新たな一歩を踏み出そうとする大山さんを励まし、導き続けている。その中で、かつて引っ込み思案で「無理、できない」が口癖だった大山さんは、今、同じ人とは思えないほど元気で明るくなった。

けるようになり、10歩《ぽ》けるようになり、やがて小走りに走れるようになり、そして事故の前よりも速く走れるようになりました。

1つ1つの試練に共に立ち向かう歩みを通じて、バラバラだった家族の絆《きずな》も少しずつ取り戻《もど》され、結び直されてゆきました。心が通《かよ》い合う夫婦になり、娘さんたちとも深い信頼が生まれていったのです。

そして、余命3カ月と診断されたご主人も変わりました。大山さんの励《はげ》ましと自らの心の浄化《じょうか》の歩みによって、怒りや嘆《なげ》きに呑《の》み込まれることなく、がんが急速に退縮《たいしゅく》して手術の必要もなくなり、その後の状態もきわめて安定するという不思議な体験をされたのです。それもあり得ない奇跡《きせき》のような現実です。

## 苦手だったはずの運動で金メダル

大山さんの未来に起こったことは、それだけではありません。

自分の足にフィットした義足《ぎそく》でリハビリに取り組み続ける中で、大山さんは、かつては想像もできなかった「新しい自分」に出会うことになります。

大山さんは、実は幼《おさな》い頃から運動が苦手《にがて》で、泳ぐこともできませんでした。苦手な

幼い頃から運動が苦手で、泳ぐこともできなかった大山さん。しかし、新しい義足をつけてからわずか1年後の2014年4月、広島県で開催された障害者水泳競技大会に出場し、背泳ぎと自由形で金メダルを獲得、背泳ぎは大会新記録を樹立した。さらに、その年の秋に長崎県で開催された全国障害者スポーツ大会では、100メートル走で銀メダル(写真)、ソフトボール投げでは金メダルを獲得した。

ものにはとことん消極的で、1歩も2歩も引いてしまう大山さんは、大人になっても泳げず、かなづちだったのです。

しかし、リハビリの延長線上で、筋力をつけるために陸上競技に取り組みました。さらに、かつては水に顔をつけるのも嫌《いや》だったのに、「全身運動で身体のためによいから」と水泳にも挑戦。やがて水泳競技にも参加するようになりました。

そして、新しい義足に変えてからわずか1年後の2014年4月——。広島県で開催された障害者水泳競技大会に出場し、背泳ぎと自由形で、何と金メダルを獲得《かくとく》。背泳ぎは大会新記録を樹立《じゅりつ》しました。

さらに、その年の秋に長崎県で開催された全国障害者スポーツ大会にも出場。毎年、国体と並行して開催されるこの大会で、100メートル走で銀メダル、ソフトボール投げでは金メダルを獲得してしまったのです。

## かつて知らなかった自分が現れた!

事故で左足を失った大山敏恵《としえ》さん——。

彼女は今、試練の前よりもずっと明るく、輝《かがや》いています。

もちろん、左足が戻《もど》ってきたわけではありません。その事実は、大山さんの人生に深い傷を残し、今も負荷《ふか》を与《あた》え続けています。

しかし、それでも大山さんは、以前の大山さんではないのです。

何よりも大きかったのは、以前なら「もうダメだ。自分にはできない」と感じることでも、心を強く保って努力してゆけば、その壁《かべ》を乗り越えることができることを自らが体験し、確信できたことでしょう。

ご主人や娘さんの言葉もそれを物語っています。

「もう、別の人間ですね。以前は『無理、できない』が口癖《くちぐせ》だったのに、足を失ってからは、まるで違う人間になったようです」

「姿形《すがたかたち》は母ですが、中身は私がまったく知らない人です」

大山さんは、未来に対して希望を抱《いだ》き、その希望に向かって歩んでいった。その中で、何ごとにも消極的、悲観的で、逡巡《しゅんじゅん》ばかりしていたかつての大山さんは、昨日よりも今日、今日よりも明日、1歩先に進む「自己ベストを生きる」大山さんに変貌《へんぼう》していました。

それは、かつてはいなかった大山さんです。自分でも知らなかった姿です。大山さん自身、自分の中に、こんな自分がいるとは夢にも思わなかった。一番驚いているのは、大山さん自身ではないでしょうか。

## 何がそれを可能にさせたのか

大山敏恵《としえ》さんの変貌《へんぼう》——。

それは、言葉を超えて私たちを励《はげ》まし、力づけるものです。

何1つ誇るものを持たなかった家庭の主婦が、それまでの人生を打ち壊《こわ》してしまうような試練の中で、それを泰然《たいぜん》と受けとめ、さらにその試練をきっかけに強く生まれ変わる。新しい自己を引き出して、その後の人生を一変《いっぺん》させてしまう——。

いったいなぜ、大山さんは、あのようにたくましい自分自身を引き出すことができたのでしょうか。なぜそんな変貌が可能だったのでしょうか。

先に述べたように、大山さんが「試練」に対する生き方を身につけていたことは大きな力となりました。

もし、その生き方を知らなければ、大山さんの未来はまったく違ったものになっていたでしょう。

しかし、大山さんがまったく異《こと》なる自分を引き出せた理由を一言《ひとこと》で言うなら、私は、究極《きゅうきょく》のところ、「人間は魂の存在」だからであり、大山さんがその「魂の自分」を信じたからだと思うのです。

今まで、よく知っているはずのその人の中から、とても同じ人とは思えない、底知れぬ力があふれてくる。その人の中に確かにありながら、それまで深く沈《しず》んで現実には現れることがなかった智慧《ちえ》と力が、日常に出現する。それこそ、魂の力としか言いようのないものです。

魂という未知なる力——。それが、困難を乗り越えさせ、新たな現実を切り開かせた源泉《げんせん》です。

## 想像を絶《ぜっ》する力

では、魂に内在《ないざい》された力とはどのようなものでしょうか。それは私たちの想像を絶するものです。

たとえば、アルバート・アインシュタインは、物質に内在されたエネルギーをE=

## 魂に内在された力

普段、現れている「魂の力」は、氷山の一角のようにごく一部に過ぎず、
大半は隠れたままになっている

図4

$mc^2$という数式によって明らかにしました。その後の原子力発電の核分裂反応《かくぶんれつはんのう》などによって、その莫大《ばくだい》なエネルギーは実証されました。

　また、生命に秘《ひ》められた力はどうでしょう。野澤重雄《のざわしげお》氏は、ハイポニカトマトで知られる自然科学者です。生前、「魂の学」に強く共感され、私も一緒に存在と生命の神秘《しんぴ》について、幾度《いくど》となく親しく語り合いました。通常、トマトは1株《かぶ》に80個程度の実をつけますが、野澤氏は、様々な制約因子《いんし》を取り除《のぞ》いた独自の水耕栽培《すいこうさいばい》によって、1株のトマトには1万8千個以上もの実をつける潜在力《せんざいりょく》があることを実証し、生命が秘める爆発的な力を示《しめ》しました。

　物質と生命に内在された圧倒的な力――。しかし、人間の魂が抱《いだ》く力は、間違いなくそれ以上のものなのです。私たちが普段、知っている内なる力は、海上に見える氷《ひょう》山《ざん》の一角《いっかく》のようにごく一部に過ぎず、その大半は隠《かく》れたままです（図4）。

　人間の魂に内在された力の全体像を知ることを望むなら、私たちは、歴史を支《ささ》えた無数の先達《せんだつ》の足跡《そくせき》をたどり、それらを総合しなければなりません。まさに言語に絶《ぜっ》する厚み、想像を超える広大さをもっているのが魂の力だということです。

## 魂の気配《けはい》

魂から力とエネルギーを引き出し、自らの内をその光で満たしている人には、共通する輝《かがや》き、オーラとでも呼ぶべき気配があります。その「魂の気配」とは、どのようなものでしょうか。

### ①ぶれない中心軸《じく》

まずは、「ぶれない中心軸」です。強い信念をもって、たび重なる困難と対峙《たいじ》し、長期にわたって意志を貫《つらぬ》き通す力があふれ出るのです。

たとえば、奈良時代、日本に律宗《りっしゅう》をもたらした鑑真和上《がんじんわじょう》――。すでに中国において高名な僧侶《そうりょ》であった鑑真のところに日本から栄叡《ようえい》、普照《ふしょう》らの若い僧侶たちが赴《おもむ》きました。

彼らは、まだ正式な授戒《じゅかい》ができなかった日本の仏教のために、「ぜひ僧侶を送っていただきたい」と懇願《こんがん》したのです。その要請《ようせい》を受けて鑑真は、さっそく門下の僧侶たちに尋《たず》ねますが、誰《だれ》も手を挙《あ》げませんでした。当時、日本への渡航《とこう》は命がけで、あえてそれを冒《おか》す者はいなかったのです。

すると、「ならば、私が行こう――」。鑑真自身が、周囲の反対を押し切って日本に渡ることを決意するのです。しかし、その決意から実際に鑑真が日本に渡ることができたのは、10年後のことでした。

その間、5度にわたる渡航はことごとく失敗。5度目には流された海南島《かいなんとう》からの帰途《きと》、渡日《とにち》を要請した栄叡が死去、鑑真自身もあまりの衰弱《すいじゃく》と疲労のために、両目を失明してしまう不運に見舞《みま》われます。さらに、当時の玄宗皇帝《げんそうこうてい》が鑑真の才能を惜《お》しんで渡日を禁じますが、それでも鑑真はあきらめず、再び方法を模索《もさく》します。そして日本に帰国する遣唐船《けんとうせん》に乗り、ついに742年、薩摩《さつま》に上陸するのです。

望まれて訪《おとず》れた日本——。しかし、そこでの待遇《たいぐう》は決して十分なものではありませんでした。旧来《きゅうらい》の仏教勢力が、鑑真に力を与《あた》えることを望まなかったからです。律宗の総本山《そうほんざん》である唐招提寺《とうしょうだいじ》が建立《こんりゅう》されたのも、鑑真の死後。しかし、鑑真は、亡《な》くなるまでの11年間、多くの僧侶に正式な授戒を行い、約束を貫《つらぬ》いたのです。

## ②目的志向

魂の力が現れるとき、自らの内にぶれない中心軸《じく》を抱《いだ》きながらも、その一方で、自分が認められること、自分が豊かになることなど、自分自身のことについては驚くほど無頓着《むとんちゃく》な場合も少なくはありません。それは、自らが願ったことが成就《じょうじゅ》することにこそ関心があるからです。いわば、自分志向ではなく、「目的志向」なのです。

明治維新《いしん》の立役者として知られる西郷隆盛《さいごうたかもり》と大久保利通《おおくぼとしみち》――。

西郷は、「敬天愛人《けいてんあいじん》」という言葉を座右《ざゆう》の銘《めい》とし、政治に携《たずさ》わる人に必要な素質として、「命もいらず、名もいらず、官位も金もいらぬ人は、始末に困るものなり。この始末に困る人ならでは、艱難《かんなん》をともにして国家の大業《たいぎょう》は成し得られぬなり」と述べています。

一方の大久保は、維新後の新政府の中にあって、その権力を一手に掌握《しょうあく》することになりました。しかし、金銭には常に清廉《せいれん》で、私財を蓄《たくわ》えることには一切《いっさい》興味がありません。それどころか、予算のつかなかった公共工事に私財を投げ打つことが常で、凶《きょう》刃《じん》に倒《たお》れた後、個人資産を調べると、多額の借金《しゃっきん》を抱《かか》えていたことがわかったのです。

### ③存在に対する深い共感

魂のエネルギーを取り出している人には、人間や社会、自然や世界に対する深い共感が現れます。人々に対する奉仕《ほうし》に一生を捧《ささ》げる人たちの根底には、このような他者に対する深い共感があるのです。

その共感は、関わる他の人の中からも共感を引き出し、共感の共鳴、シナジーによって、世界に大きなムーブメントをつくり出します。

愛称エル・ペペで親しまれるウルグアイのホセ・ムヒカ大統領は、国民から圧倒的な支持《しじ》を得る中、2015年2月、その任期《にんき》を満了しました。

大統領は、その資産のほとんどを寄付し、個人資産は1987年型フォルクスワーゲン・ビートルのみ。大統領在任時は優雅《ゆうが》な公邸《こうてい》に住むことを嫌《きら》い、郊外《こうがい》の農場で生活していました。収入の大半を寄付に回すため、月々の生活費は在職時でも1000ドル（約10万円）。世界でもっとも貧《まず》しい大統領として知られています。

2012年に行われた世界の環境問題を議論するリオ会議で、彼は最後の講演者でした。並《な》みいる大国の元首《げんしゅ》に続いて行われた小さな国の大統領のスピーチ。しかし、その内容は衝撃《しょうげき》的でした。

「ドイツ人が1世帯で持つ車と同じ数の車をインド人が持てば、この惑星《わくせい》はどうなるでしょうか」。そう会場に投げかけるところから始まった講演は、一貫《いっかん》して、経済発展を至上《しじょう》主義とした20世紀の人類の進歩のありようを痛烈《つうれつ》に批判するものでした。その場の誰《だれ》も語らなかったタブーを、大統領は堂々と取り上げたのです。

「貧乏《びんぼう》な人とは、少ししかものを持っていない人ではなく、無限の欲があり、いくらあっても満足しない人のことだ」

人間の本性に鋭く切り込《こ》みながら、同時に「私はちょっとイカれた一般市民です」とユーモアを忘れない。彼のスピーチには、あらゆる人を魅了《みりょう》してやまない力があります。

## ④未来からのヴィジョン

魂は、「未来からやってくるヴィジョン」を受けとめる力を抱《いだ》いています。そのヴィジョンは、過去を分析してそこから未来を導くというよりも、自らの内に生まれた「直感」や、時には自分を超えた存在からの啓示《けいじ》としか言いようがない「訪《おとず》れ」という形でもたらされるのです。

多くの発明家や芸術家がこの世界に現した創造物は、そのような直感から生み出されたものが少なくはないでしょう。

創造物というのは、決して物の創造だけではありません。

たとえば、「近代看護《かんご》教育の母」と呼ばれるフローレンス・ナイチンゲールはどうでしょう。

ナイチンゲールの生きた時代、看護に従事する女性は、病人の世話をする単なる召使《めしつかい》としてしか捉《とら》えられていませんでした。彼女は、その時代にあって、看護師という新たな職業を創造したのです。

ナイチンゲールが亡《な》くなってわずか4年後、かつての戦争とは規模《きぼ》も質もまったく異《こと》なる第1次世界大戦が始まり、たくさんの傷病兵《しょうびょうへい》が生まれることになります。ナイチンゲールが果《は》たしたことは、人類が新しい試練の時代を迎《むか》えるにあたって、この世界にどうしても生み出されなければならなかった職業の創造だったのです。

## ⑤人格の光

魂の気配《けはい》をたたえた人には、必ずその人固有の人格の光が現れます。その光は、決して一様《いちよう》ではありません。明るさ、元気さ、正義感、誠実さ、受容力《じゅよう》――。実に様々です。

しかし、誰もがその輝《かがや》きに心を打たれ、そこはかとない人格的魅力を感じ取るのです。皆さんにも、そうした経験はありませんか。

これらの魂の気配は、その人の人生を貫《つらぬ》いている想いや所作《しょさ》の中に感じられるものです。そして、その気配の出所《でどころ》は、それらの想いや行いを生み出している「心」のもっと奥底にあるのです。
これらの気配が生まれ出る心の奥にある何か――。
それは、目で見ることも手でつかむこともできないが、厳然《げんぜん》としてそこにあること
が感じられる。そのsomething《サムシング》こそが「魂」なのです。

## 未知なる力の片鱗《へんりん》

「魂の学」を学び、実践する人々の中にも、魂の片鱗を現す方が数多く現れていま
す。私はその瞬間に幾度《いくど》も立ち会ってきました。
たとえば、2005年のスキージャンプの欧州《おうしゅう》遠征の合宿で、練習時の事故によっ
て頭蓋骨《ずがいこつ》を骨折し、瀕死《ひんし》の重傷を負《お》ったジャンパー、金子祐介《かねこゆうすけ》さん。
一命《いちめい》は取り留《と》めたものの、記憶のほとんどを失い、自分の名前すら思い出すことが
できない。スキージャンプの技術もすべて忘れてしまった。その現実を前に「もう自
分は終わった……」。そうつぶやくしかない敗北感に埋《う》もれました。しかし、何より
も夫人の献身《けんしん》的な愛情に支《ささ》えられ、心の拠《よ》りどころだった「魂の学」に導かれて再起
するのです。

その再起の道は、まさに細い針の穴を通るような狭《せま》き門であり、途方《とほう》もない忍耐《にんたい》を強《し》いるものでした。遅々《ちち》として進まないリハビリに希望を失うことなく堪《た》え、まるで生まれてからの20数年をもう1度繰《く》り返すようにたどっていったのです。その気の遠くなるような歩みによって、金子さんはスキージャンプの技術を取り戻《もど》しました。それればかりか、２００７年の秋田わか杉国体の競技でもう1度優勝するという栄誉を得たのです。

すべてを失い、奈落《ならく》の底に沈《しず》んでいた金子さんを辛抱《しんぼう》強く牽引《けんいん》し、その人生の道を再び開くことを可能にしたものは何か。それは、彼自身の中にあった魂の力としか言いようがありません。

また、今から20数年前、家庭の主婦だった道野幸子《みちのさちこ》さんという方がいらっしゃいます。バブル崩壊《ほうかい》とともに夫の不動産会社の経営が悪化し、彼女は188億円という巨額の負債《ふさい》を抱《かか》えたご主人を助けるために会社に入り、その後、ウィークリーマンションを手がける子会社を任《まか》されました。

道野さんは、まったく経験のない会社経営を、「魂の学」を頼りに見よう見まねで始めました。やがてご主人の不動産会社は破綻《はたん》。しかし、彼女の子会社だけは生き残り、20年という歳月をかけて、残った負債をほとんど返済してしまったのです。

主婦として夫に依存《いぞん》していた彼女の中から現れてきたもう一人の彼女。夫の試練を妻として何とか支《ささ》えたいという一念で始めた仕事を通じて、道野さんが自分の中から引き出した力――。それはまさに、人生の中だけでは説明のつかない、彼女の中に眠っていた魂の力そのものではないでしょうか。

あるいは、先頃、外交官を退官された加来至誠《かくしせい》さんもそうです。

東大法学部から外務省へと順風満帆《じゅんぷうまんぱん》のキャリアを重ねながら、途上、評価に心が揺《ゆ》れ動き、挫折《ざせつ》も経験した加来さんは、やがて「魂の学」と出会い、そこから20数年、共に研鑽《けんさん》してきました。

その中のプロジェクト活動に参加した加来さんは、研修所の修繕《しゅうぜん》や物資の運搬《うんぱん》などを担《にな》うチームで、立場や肩書きを横に置いた1人の人間として心を開く関わり方を体得。さらに、私がお伝えした「『祈り』とは、文字通り、人を傷つけ、自分を守る武器である『斧《おの》(斤)』を神の前に差し出す(示《しめ》す)こと」という話に感銘《かんめい》し、「自分は今まで甲冑《かっちゅう》で身を固めてきた。これからはもう、それを脱《ぬ》ぎ、刀《かたな》を捨てよう」と決意。1人の人間という原点と「祈り」の心を抱《いだ》いて、外交官としてのはたらきに応《こた》え始めました。

その後、1997年には地球温暖化防止に関する「京都議定書《ぎていしょ》」（各国の思惑《おもわく》と主張が大きく食い違い、成立困難と思われた）が採択《さいたく》された京都会議の事務局長として会議の成功に忍耐強く努力し、さらに後年、政情不安がきわまるエルサルバドル、ホンジュラスの特命全権大使として、平和の強化と開発の促進《そくしん》に尽《つ》くしました。

中でも、右派と左派の対立で政情不安が高まっていたエルサルバドルでは、加来さんの着任中に、選挙で与党と野党が入れ替《か》わり、元ゲリラ司令官たちが副大統領や各大臣という要職に就任。両派の間の不信感は根強く、両者が対話することすら困難な事態でした。

しかし、加来さんは、両者が何とか同じテーブルに着くことはできないかと、ある財団と協力し、思い切って夕食会を開催。終わりには、左派の大臣が内戦末期のゲリラ側の内情を打ち明けると、右派の中心人物は「率直《そっちょく》な発言に感動した」。両者の心の交流も生まれたのです。

こんなことは、普通は起こり得ないことです。

一人の人間という原点を抱き、そして甲冑を脱ぎ、刀を捨てる祈り心を定めたとき、加来さんの中心から現れた魂の力――。それこそ、困難な会議が成功するように場を整《ととの》え、政情不安きわまるエルサルバドルやホンジュラスで、奇跡《きせき》のような人間的交流を生み出した原動力だったのです。

この方たちだけではありません。自らを魂の存在として受けとめ、研鑽《けんさん》を続ける中で、それまでとはまったく異《こと》なる新しい人格を現す方々が次々と生まれ続けています。

それはまるで、「それまでのその人」が真っ2つに割《わ》れて、その中から「まったく新しいその人」が生まれ出てきたかのようです。

1人ひとりが魂の力を引き出し、自分の未来を自分で決める力を取り戻《もど》すとき、私にとってそれ以上のうれしいときはありません。

重要なことは、計《はか》り知れない未知なる力は、もともとその人の中に眠っていたという事実です。

## 魂の力――ジャンプさせるもの

だからこそ、私たち人間とその歩みの全体を受けとめるためには、「魂」「心」「現実」という3つの次元で捉《とら》えるまなざし（魂の因果律《いんがりつ》）が必要なのです。

「魂の因果律」は、私たち人間の現実、人生の一切《いっさい》を生み出す精神世界と現象《げんしょう》世界の関係を見通すためのまなざしです。

図5をご覧ください。通常、私たちは、目の前の「現実」はだいたい感知することができます（もちろん気づかないことも多々ありますが）。

そして「心」——喜怒哀楽《きどあいらく》に彩《いろど》られる私たちの心です。自分の心は自分が一番よくわかっている。あなたもそう思われているかもしれません。しかし、自分が自覚できる自分の心のはたらきは、多くの場合、そのごく一部です。

その心の奥には、「魂」が存在しています。魂は、自覚的にその存在を確かめることはなかなかできません。しかし、魂は、心の力の源泉《げんせん》であり、私たちの本体。生まれる前から確かに存在し、死して後もあり続けるものです。

「魂の因果律」は、この「現実」「心」「魂」の間にはたらく原因と結果の法則です。ここでは詳《くわ》しくお伝えできませんが、「魂の因果律」は、およそ人間が関わるすべての問題を解決する力を持っているのです。

たとえば、一見《いっけん》、魂とは無関係に思える地球温暖化の問題、また解決の道が見えな

## 魂の因果律

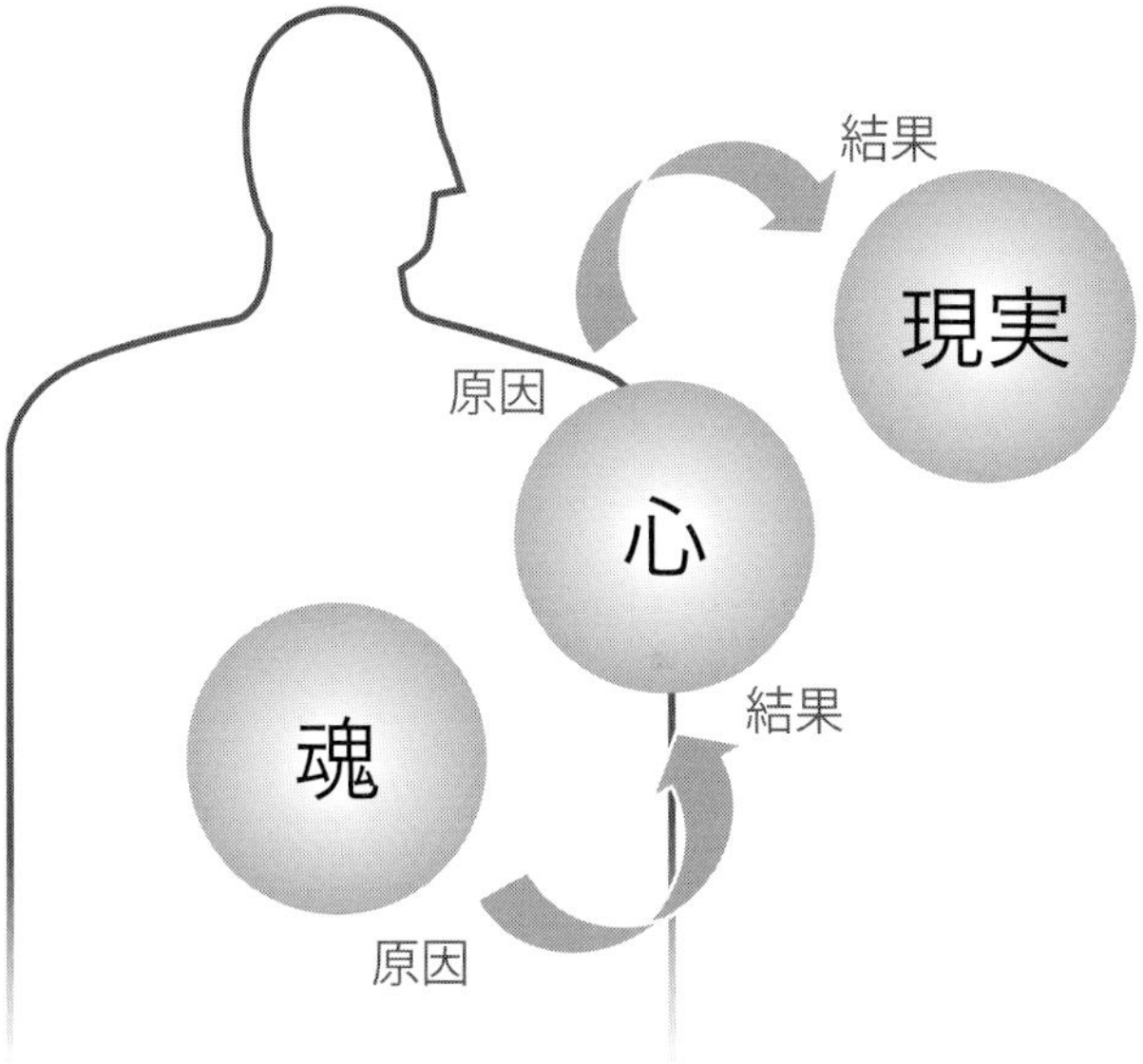


人間とその歩みの全体を受けとめるために、
「魂の学」は、「魂」「心」「現実」という3つの次元で捉える
（詳しくは拙著『あなたが生まれてきた理由』参照）

図5

い国際紛争の問題。そのような難問にも、「魂の因果律」によって、人間の内面の問題を含めた根本的解決の道をつけることができます。なぜなら、現実的な問題は、それが根深いものであればあるほど、その原因は一人ひとりの内面――心にあり、さらにその奥の魂のテーマに由来《ゆらい》しているからです。

そして、このまなざしによって、あなたは、あらゆる人生の謎《なぞ》を解《と》き明かす解析力《かいせきりょく》を手にすることになります。

「魂の因果律」が明かす私たちの人生――。それはどのような人生も、その人にとって、一回生起《いっかいせいき》のかけがえのない経験であり、同時に魂が多くを学び成長する機会だということです。魂の次元から見れば、人生は生まれて生きて死んで終わりという1回だけのものではありません。

私たちの人生には、あまりにも多くのことが起こります。1回の人生で、そのすべてを受けとめ、理解し、解決することは、途方《とほう》もない挑戦になります。果《は》たし得なかった願い、行き違ってしまった人間関係、実現できなかった青写真、解決できなかった問題……。その後悔と、そこから立ちのぼる魂の願いゆえに、私たちは再びこの世界に生まれてきます。姿も名も変え、国も時代も違う人生を営《いとな》み始めるのです。

私たち人間は、そのようにして人生を幾度《いくど》も繰《く》り返し、その経験を通じて得た多くの智慧《ちえ》と力を内側に蓄《たくわ》えている存在です。誰《だれ》もが光輝《かがや》く力を抱いているのです。

先に紹介した大山敏恵《おおやまとしえ》さんや金子祐介《かねこゆうすけ》さん、道野幸子《みちのさちこ》さん、加来至誠《かくしせい》さんをはじめ、まったく新しい人格を現した方たちの変貌《へんぼう》、人生の転換は、この「魂」の力を引き出したことによって起こったことです。

彼らは、大変な苦境の中でも、魂の存在としての自分を信じていました。目の前に現れた「結果」に翻弄《ほんろう》されることなく、内なる力を引き出して、新たな人生を導く「原因」を自ら生み出すことができました。

次々に起こる現実に振り回されることなく、自らが願う未来に向かって、その原因をつくり出す。それぞれが引き出した魂の力とは、「結果ストリーム」から「原因ストリーム」へのジャンプを果《は》たさせる力なのです。

## 結果ストリームに閉じ込《こ》める人生のしくみがある

しかし、そう言われても、なかなか信じられないかもしれません。

誰《だれ》もが多くの智慧《ちえ》と力を抱《いだ》いた「魂」の存在であっても、何もせずにその智慧と力を使うことはできないからです。どんなに可能性を抱いていても、どれほどの智慧と力があっても、そのほとんどを自分の内側に閉じ込めてしまっているからです。そして「結果ストリーム」にとどまり続けてしまうのです。

何と残念なことでしょう。持てる宝を道ばたに捨《す》てているようなものです。

大山さんもそうでした。人生の長きにわたって、自分に対する否定的で悲観的な見方を抱き、その「心」にずっと束縛《そくばく》されてきました。

そして、実に多くの人が、歪《ひず》みを抱えた「心」に束縛され、内なる魂の潜在力《せんざいりょく》を発《はっ》揮《き》できずにいるのです。

なぜなのでしょうか。

それは、私たちの人生自体に、大きな制約をもたらす「しくみ」があるからです。さらに言えば、その「しくみ」によって、私たちの「心」が、「魂」が抱く光の力よりも、闇《やみ》の力を引き出してしまうからです。

「魂」には、光と闇という2つの力が渦巻《うずま》いています。1つは、大きな智慧に直結する光の力。人々に歓《よろこ》びを与《あた》え、ものごとを発展、活性化させ、事態を調和に導《みちび》く力です。魂が抱く願いという意味で、「魂願《こんがん》」と呼んでいます。もう1つは、「カルマ」

という闇の力。人々に痛みをもたらし、ものごとの歪みと未熟《みじゅく》を増幅して停滞《ていたい》させ、暗転の事態を繰《く》り返させ、壊《こわ》してしまう力です。現実に、この2つの力によって、人類の歴史と無数の人生が形づくられてきたと言って過言《かごん》ではありません。

私たちの人生の成り立ち、構造の中に、「魂願」よりも「カルマ」を引き出してしまうカラクリがあるということです。

誰もがその内に魂という未知なる力を抱きながら、気づかぬうちにその力を封《ふう》じ込めてしまう――。次章では、どうすればその束縛から私たちは自由になれるのか、その道を考えてゆきたいと思います。

# 2章

# 閉じた「心の回路《サーキット》」からの脱出

## 破壊者《デストロイヤー》の現実

自分の人生をよりよいものにしたい。未来を変えたい――。誰《だれ》もがそう願っていることに異論《いろん》を唱《とな》える人はいないはずです。そのために、多くの人々が、日々、汗《あせ》を流し、努力を重ねていると言ってもよいでしょう。

都内で建築《けんちく》設計の仕事をしている橋本大助《はしもとだいすけ》さんも、そう願って人生を歩んできました。しかし、もし私たちが、かつての橋本さんの姿を間近《まぢか》で見ていたら、とても本人がそう思っているとは見えなかったでしょう。

かつての橋本さんの人生――。それは、はたから見ていても正視《せいし》することができないような激しい葛藤《かっとう》に満ちており、ある意味で破滅《はめつ》的な人生だったのです。

橋本さんは、都内の大学の建築学科を卒業後、大手ハウスメーカーに入社。しかし、新入社員の頃から、周囲の人たちとの間に様々な問題を抱《かか》えていました。

最初に勤《つと》めた神奈川の支店でも、お客様や工場の業者さんとの間で、「波動戦争《はどうせんそう》」をやってしまう。波動戦争とは、いわば、見えない闇《やみ》の心のエネルギーがぶつかり合う主導権争《しゅどうけんあらそ》いです。様々な仕事場での折衝《せっしょう》が、途中から言い争いになり、最後は喧嘩《けんか》別れになってしまうこともしばしばでした。

当時、工場での打ち合わせが終わった後、業者さんが橋本さんたちを接待《せったい》してくれることがありました。上司と一緒に食事に誘《さそ》われたのです。

しかし、いったんこだわりを持ってしまうと、橋本さんの態度は頑《かたく》なままでした。食事が出てきてもまったく手をつけず、一言《ひとこと》も話さない。そうやって抵抗《ていこう》し、闘争《とうそう》を続けたのです。気まずい雰囲気《ふんいき》を和《やわ》らげるために、仕方なく上司が間を取り持つことになる——。そんな場面も1度や2度ではありませんでした。

同僚でも上司でも、お客様でも取り引き先でも、相手が誰であろうと切れるときは切れてしまう——。そんな橋本さんに対して、周囲は、腫《は》れものに触《さわ》るように接《せっ》するほかありませんでした。

やがて、橋本さんは都内の支店に転勤することになります。接する人や環境が変わったことで、波動戦争はしばらく収《おさ》まっていました。

しかし、数年後、会社での責任が重くなり、後輩との関わりも生まれてゆく中で、再び「破壊者《デストロイヤー》」が橋本さんの中から現れたのです。

あるとき、1人の後輩が、橋本さんが引いた図面に対して、「この程度の図面ですか?……」というような素振《そぶ》りを見せた——少なくとも橋本さんはそう感じました。

その瞬間、橋本さんの心のリミッターが外《はず》れ、猛烈《もうれつ》な怒《いか》りが噴《ふ》き出してきたのです。

「何だその態度は！　ろくに仕事もできないくせにえらそうなこと言うな！　お前にそんなことを言われる筋合《すじあ》いはない。謝《あやま》れ！」

激しい罵倒《ばとう》が続き、最後は「腹を切れ！」。そこまで言ってしまったのです。周《まわ》りの人たちも止めに入ったのですが、止めに入ると、今度はその人をやり込《こ》める。怒りの刃《やいば》が第3者に向かうという始末でした。

切れてしまうと誰も手がつけられない——。橋本さんは、周囲の皆から敬遠《けいえん》される存在になってしまっていたのです。

## もう1つの重荷《おもに》

そんな橋本さんの姿を目にすれば、誰《だれ》もが「どうしてそこまでやってしまうのか」と思わずにはいられないでしょう。

橋本さんが人生の中でつくり上げていた心の基《もとい》には、根深い世界不信、他者不信がありました。それが、ときに容赦《ようしゃ》ない破壊者《デストロイヤー》を生み出したのです。

自分の意に沿《そ》わない現実は、すべて自分以外の誰かが引き起こした「結果」。その不利益を被《こうむ》っているのが自分。そんな被害者意識に深く囚《とら》われていました。

まさに橋本さんは、「結果ストリーム」の住人でした。その宇宙の中で、目の前に立ち現れた、望まざる「結果」と格闘《かくとう》し、他人とのあつれきを増幅《ぞうふく》して苦しんでいたのです。

同時に、橋本さんにはもう1つの苦しみがありました。

アトピー性皮膚炎です。橋本さんが患《わずら》っていたアトピーは、ちょっとした湿疹《しっしん》というようなレベルではなく、全身すべてが焼けただれたように赤く腫《は》れて、普通に生活することさえ困難なほど重篤《じゅうとく》だったのです。

強いステロイドを使ってもよくならない。しかし、それをやめると、一気に全身に広がってしまい、顔もお岩さんのようになってしまう。ひどいときには、眠ることもできず、寝返りさえ打てない状態でした。

この身体的な苦しみは、心の苦しみと表裏《ひょうり》一体《いったい》となり、橋本さんの破壊者《デストロイヤー》の心を一層、助長《じょちょう》することになりました。一時は、身も心もどうすることもできないほど、危機的な状況に追い込《こ》まれていたのです。

## 背負《せお》うことになった宿命の重圧

なぜ橋本さんは、そんな破滅的《はめつてき》な生き方をしていたのでしょうか。

物事がそうなるには、そうなる理由があります。橋本さんの場合は、人生の成り立ち――ことに両親から流れ込《こ》んだもの、両親との関係が大きな影を落としていました。

幼《おさな》い橋本さんに、父親が幾度《いくど》となく語りかけていた言葉があります。「一流大学に行って、医者か弁護士になれ。それがダメなら一流企業だ」。小学生のときから塾《じゅく》に通《かよ》わせたのもそのためです。

小学校高学年になったとき、橋本さんは陸上競技の学校代表に選ばれたことがありました。ところが、それを知った父親は「よく頑張《がんば》った」とほめるどころか、「塾に行かないでそんなことをしているとは何事か!」と激怒《げきど》。自ら学校に行って、息子が選手として出場することを断《ことわ》ってしまうほどでした。

一方、母親は、やり手のセールスウーマンで、とにかく仕事、仕事。全国を駆《か》け回り、家にはあまりいませんでした。橋本さんには、母親とゆっくり話をした記憶がほとんどなく、「お母さん」という実感、肌触《はだざわ》りもありませんでした。それを知らないまま、少年時代を過ごすことになったのです。

父親と母親は、ときに激しい喧嘩《けんか》をしました。喧嘩になると、決まって橋本さんが呼ばれ、「お前はどっちにつくんだ?」と問われました。「母さん」と言おうとしましたが、父親があまりに怖《こわ》くて、「父さんにつく」と言ってしまうのでした。

橋本さんには、家族との団らんの思い出がまったくと言ってよいほどありません。子どもの頃、両親に連《つ》れられて、大阪万博《おおさかばんぱく》に行ったり、グアムやハワイなど海外旅行に行ったりしたことはありました。もしかすると、普通の家庭よりも、家族旅行の回数は多かったかもしれません。

しかし、橋本さんの記憶には、どこどこへ行ったという事実はあっても、そこで家族がどんなふうに時を過ごし、何を語り合ったのか、心を通《かよ》わせた家族の思い出がほとんどなかったのです。

## 「どんなに頑張《がんば》っても何ともならない」

家族でありながら、家族としての実感がない――。

橋本さんは、自分の中に言葉にならない空虚感《くうきょかん》が広がってゆくのをどうすることもできませんでした。自分でも気づかぬうちに、世界と人間を信じ切れない想いが心の中に根を張《は》ってゆきました。

そして、それがある意味で決定的になったのは、両親の離婚という受け入れがたい現実に直面したときでした。

それまで橋本さんには微《かす》かな期待がありました。和気《わき》あいあいとした友人の家族や、家族愛が描《えが》かれたドラマを見るたびに、「もしかしたら、うちの家族だって……」。しかし、橋本さんがいくら平穏《へいおん》な家族の生活を願っていても、両親の溝《みぞ》は埋《う》まらず、ついに母親が家を出て行ってしまったのです。

しかもその日は、橋本さんの大学の入学式――。晴れやかな人生の門出《かどで》の日が、同時に両親の離婚の日となってしまったのです。

「どんなに頑張っても、何ともならないじゃないか。結局ダメだった。自分の人生にはいいことなんて起こらない……」

その日、橋本さんは、ベランダで西の空に沈《しず》んでゆく夕日を呆然《ぼうぜん》と眺《なが》めながら、生まれて初めてタバコに火をつけました。

そして、この両親の離婚を発端《ほったん》として、橋本さんはアトピーの症状に苦しむようになっていったのです。

橋本さんの中に広がっていった怒《いか》りともあきらめともつかない虚無感《きょむかん》――。その本質は、絆《きずな》の喪失《そうしつ》と言えるものです。

子どもは、両親との絆を求めます。そのつながりがあるから安心し、信頼して世界という大海《たいかい》に泳ぎ出すことができるのに、橋本さんはその絆を最初から失ってしまった――。橋本さんは、その内に絆の喪失という深い闇《やみ》、いわば根本的な欠損《けっそん》を抱《かか》え込《こ》んだまま、前半生《ぜんはんせい》を生きなければならなかったのです。

## 心の底の想いに気づく

橋本さんが、仕事で多くの葛藤《かっとう》を抱《かか》えるようになった頃、その心にさらに打撃《だげき》を与えた出来事がありました。

離婚して家を出ていった母親が、末期《まっき》のがんで他界《たかい》したのです。

橋本さんにとって、母親は葛藤をもたらした存在です。愛情を求めても自分が求めていた形では与えてくれず、近くて遠い存在でした。

一方、母親にとっては、家は出て行っても子どもは子どもです。その後も折《おり》に触《ふ》れて橋本さんに「会いたい」と言ってきていたのです。

しかし、後妻《ごさい》として入った新しい母親がとてもいい人だったこともあり、その気兼《きが》ねもあって、実母《じつぼ》の気持ちを受けとめかね、困惑《こんわく》していた橋本さんでした。

母親が亡《な》くなる半年くらい前のことです。父親から会社の寮《りょう》にいた橋本さんに連絡があり、「手遅《ておく》れのがんみたいだ。今、入院している」と告《つ》げられました。それを聞いた橋本さんは、自分の気持ちがかつてとは少し変わっているのを感じました。心のどこかで「もういいかな、許《ゆる》してあげたい」と思ったのです。

しかし、何かがその想いを遮《さえぎ》り、橋本さんの行動を阻《はば》みました。

やがて、母親の死の知らせが届《とど》いたとき、強烈《きょうれつ》な後悔が橋本さんを襲《おそ》ったのです。気持ちの中では母を許していたのに、それを直接言ってあげられなかった——。

自分でもどうすることもできなかった心のしこり。

「もう本当に自分を変えないとダメだ——」

心底《しんそこ》そう思いました。

橋本さんは、学生時代から「魂の学」に触れていましたが、熱心に研鑽《けんさん》するようになったのは、ちょうど仕事で葛藤《かっとう》を多く抱えるようになった1989年の頃でした。

郵便はがき

料金受取人払郵便

浅草局承認

237

差出有効期間
平成29年
9月19日迄
切手をはらずに
お出しください

1118790

034

東京都台東区雷門2-3-10

三宝出版株式会社 行

●ご記入いただく情報は、小社からの事務連絡や各種ご案内等に使用させていただきます。

| おなまえ(フリガナ) | 年齢 | 男・女 |
| --- | --- | --- |
| おところ〒<br><br>TEL.　　(　　)<br>E-mail: | | |
| ご職業(なるべく詳しく) | | |
| お買い求めの動機(該当のものに○をつけてください) | 店で見て　新聞・雑誌・広告で　書評・紹介記事を見て<br>(その新聞・雑誌名　　)<br>人にすすめられて　友人からいただいた　小社からの案内を見て　その他(　　) | |
| お買い求め書店名及び所在地 | 書店 | 市・郡 |
| ご購読の新聞・雑誌名 | | |

# 愛読者カード

高橋佳子著

## 未来は変えられる！ 試練に強くなる「カオス発想術」

**愛読者カードをお送りいただいた皆様に粗品をプレゼント！**

ご意見、ご感想をご記入の上、ぜひ、ご返送下さい。講演会や新刊のご案内をさせていただきます。メールでのご感想も心よりお待ち申し上げます（E-mail：sam@sampoh.co.jp）。なお、お寄せいただいた内容は、当社の宣伝物に匿名で掲載させていただく場合があります。

本書についてのご意見ご感想など、自由にお書き下さい。

●小社では宅配サービスを行っています（送料実費）。この葉書にご注文の書名と冊数をお書きの上、お申し込みください（お電話、FAX、インターネットでのご注文もお受けいたします）。

| 書名 | 冊 |
|---|---|

TEL 03-5828-0600（代）FAX 03-5828-0607
http://www.sampoh.co.jp/

「本当に変わらなければ」という気持ちで、八ヶ岳山麓《さんろく》で行われたセミナーに参加したのです。

それは、人生の成り立ちを振り返り、自らの人生をつくってきた心の回路を学ぶセミナーでした。研修は橋本さんにとって意義深い内容でしたが、その一方で、橋本さんの心は頑《かたく》なままで、同室になった人たちに心を開けない自分をどうすることもできない状態でした。

セミナーの休憩時間、橋本さんは講師の許《もと》を訪《たず》ね、心のわだかまりになっていた母親とのこと、その母親が亡くなったことを話し、聴いてもらいました。

母と過ごした時間をさかのぼり、少しずつ心の井戸を降《お》りてゆくと、その奥から煙《けむり》のような想いが立ちのぼってくるのを感じました。

「わかってほしい――」

言葉にすると、そんな想いでした。

それは、橋本さんにとって、それまで気づくことのできなかった「心のつぶやき」を初めて摑《つか》んだ瞬間でした。

そして、その自分の心を見つめていったとき――

「こんなにつらい僕《ぼく》をわかって！」

長い間、ずっと心の奥に押し込《こ》められていた想いが、ドッとあふれてきて、涙が止まらなくなってしまったのです。

思いがけない事態に橋本さんは驚きました。

まさかそんなふうに人を求める想いが自分の中にあるなんて、考えたこともなかったからです。それは、他の誰《だれ》にも触れられることなく、自分でもその存在すら気づかなかった心の叫《さけ》びでした。

その後、自然の中で禅定《ぜんじょう》の時間がありました。

空には雲ひとつなく、澄《す》みきった青空がどこまでも広がっていました。その空と同じように、橋本さんの心も曇《くも》りなく澄みきっていました。

こんな清々《すがすが》しい気持ちになったのは初めてでした。

それは、かつて怒《いか》りと葛藤に揺《ゆ》れていた心とは、正反対の心だったのです。

## 人生のボトムで何を見たのか

八ヶ岳でのセミナーの体験は、かけがえのないものでしたが、橋本さんが抱《かか》えていた虚無感《きょむかん》――絆《きずな》の喪失《そうしつ》という魂の痛みは、まだ完全に癒《いや》されてはいませんでした。

人生の中でつくり上げてきた心の回路には、強い慣性力《かんせいりょく》がはたらきます。1度転換したと思っても、以前の感じ方、考え方、行動の仕方はすぐに消えることはなく、容易に元に戻《もど》ってしまうのです。

橋本さんが人生で初めて感じた清々《すがすが》しい気持ちも、セミナーが終わって帰途《きと》につき、会社の寮《りょう》が近づいてくるにつれて次第に薄《うす》らぎ始め、やがて以前のどんよりとした気持ちが頭をもたげてくるのを感じていました。

それから数年後、橋本さんの心と現実は、再び、強い破壊者《デストロイヤー》の様相《ようそう》を示《しめ》すようになってゆくのです。

2000年にはアトピーが再び悪化。身体全体が火照《ほて》って、汗《あせ》をかくと痒《かゆ》みがひどく、夜も眠れない。体調が悪くなり、日常生活も脅《おびや》かされ、会社に出てゆくこともままならない。有給を使い果《は》たした上、欠勤が続き、ついには、上司に勧《すす》められて会社を休職するところまで追い込《こ》まれてしまったのです。

ある意味で、このときが橋本さんの人生のボトムでした。

しかし、そのボトムの年――それは同時に、橋本さんにとって新たな始まりとなったのです。

実はこの年から翌年にかけて、私は橋本さんと何度もお会いすることになりました。そのたびに、それまで見守ってきた橋本さんを、私が魂としてどう受けとめているか、お話ししていったのです。

その中の一つ――ある研修の終了後、その場をボランティアで支《ささ》えた皆さんの報告会のときのこと。橋本さんもメンバーの1人として参加していました。

その場で橋本さんが発言しました。

「今回の役割を通じて、困難な事態になったとき、何で自分だけがこんな目に遭《あ》わなきゃいけないんだと被害者の気持ちになり、責任を放棄《ほうき》してしまいました。……」

私は、橋本さんを見つめながら、同時にその背後に、橋本さんがこれまでの人生の中で苦しみ、葛藤《かっとう》してきた出来事が走馬燈《そうまとう》のように映《うつ》し出されるヴィジョンを見ていました。そして、魂に向けてこうお話しさせていただいたのです。

「橋本さん。今日は、大切なお話をしたいと思うの。今、橋本さんは会社でも大きな問題を抱《かか》えていますね。身体もまだ苦しんでいる。それでも、その基《もとい》となっているのは、あなたの内なる心。あなたには人に対する不信感もあるけれども、その前に、人としての不作法《ぶさほう》があると思う。相手を見下《みくだ》している。もし、相手の方に対する畏敬《いけい》の念があったら、見下すことなんてできないはず。本当に残念なことです。『魂の学』を実践する人は紳士《しんし》でなければならない。あなたもそうあってほしい。アトピーも少しよくなってきましたね。でも、それを超えたら、きっとアトピーと縁を切れるようになりますよ」

橋本さんは、目を閉じたまま、黙《だま》って私の言葉を聞いていました。

後から後からあふれる涙を抑《おさ》えることができず、最後は慟哭《どうこく》していました。

このとき、橋本さんは不思議な感慨《かんがい》に満たされていました。

その場にいながら、一瞬《いっしゅん》にして、別の光と安らぎに満ちた時空間《じくうかん》に移動し、そして実際の言葉とは違って、私からこう語りかけられていると感じていたのです。

「私はあなたのすべてを知っている。そのあなたを愛している——」

同時に、橋本さんは温《あたた》かい光に満たされた、もう1人の自分を実感していました。

それは、それまでの人生で経験したことのない神秘的《しんぴてき》な体験でした。

どうにもならないほど苦しい時期に、こうした出会いが何度も重なる中で、橋本さんは、自らの現実を自分自身への「呼びかけ」として受けとめるようになってゆきました。

そして、この人生のボトムを乗り越えさせたもう1つの助力に触《ふ》れないわけにはゆきません。

それは、夫人の変わらぬサポートでした。

その頃、会社ばかりでなく、家で妻に対しても、波動戦争《はどうせんそう》をしかけていた橋本さんでした。カッとなると「もう出ていけ！」「2度と帰ってくるな！」と何度も怒鳴《どな》っていたのです。

しかし、「魂の学」を学んでいた彼女は動じることがありませんでした。

「何を言われても、私は出てゆきません」

そう言って、絶対に絆を切らなかったのです。それは、彼女が夫の苦しみの奥にまだ見ぬ光があることを信じていたからです。自暴自棄《じぼうじき》になっていた橋本さんにとって、それがどれほどの支《ささ》えになったことでしょう。

こうして、まさにぎりぎりのところで橋本さんは守られていました。

そして苦しみの底で、橋本さんは、気づかぬうちに、言葉にならない、世界への信頼を少しずつ蘇《よみがえ》らせていったのです。

三宝出版

# 出版案内

三宝出版
〒111-0034東京都台東区雷門2-3-10
Tel.03-5828-0600(代)
http://www.sampoh.co.jp

## 高橋佳子 著作集

●**未来は変えられる！**
──試練に強くなる「カオス発想術」
未来を変える人生タイムマシンのつくり方を伝授。4人の奇跡のノンフィクション！ 人生の解答をあなたに。
四六判並製　定価（本体1500円＋税）

●**魂主義という生き方**
──5つの自分革命が仕事と人生を変える
何が起こっても揺るがない。強く、深く、悠々と生きる。すべてを「条件」として生きる新しい生き方を提唱。
四六判並製　定価（本体1800円＋税）

●**新しい力**──「私が変わります宣言」
どうしたら私たちは変わることができるのか、どう変わればいいのか、その明解な道すじを示す。
四六判上製　定価（本体1900円＋税）

●**ディスカバリー**──世界の実相への接近
あなたが抱える悩みの原因を究明し、解決する道を示す。
四六判上製　定価（本体1942円＋税）

●**希望の原理**

## 著者プロフィール

**高橋 佳子**（たかはし けいこ）

一九五六年、東京生まれ。現代社会が抱える様々な課題の根本に、人間が永遠の生命としての「魂の原点」を見失った存在の空洞化があると説き、その原点回復を導く人間観・世界観を「魂の学」として集成。日々の生活を魂研鑽の機会として生きる「魂主義」を提唱し、その実践原則と手法の体系化に取り組む。講義や講演に際して行う対話指導では、人生を転換し、社会への貢献を生き始めた人々の歩みがひも解かれ、受講者が深い感動とともに魂の実感へと誘われている。現在、各種勉強会を実施しているGLAを主宰し、講義や個人指導は年間三〇〇以上に及ぶ。あらゆる世代・職業の人々の人生に寄り添うかたわら、日本と世界の未来を見すえて、経営・医療・教育・法務・芸術など、様々な分野の専門家への指導にもあたる。一九九二年から一般に向けて各地で開催する講演会には、これまでに延べ約一〇〇万人が参加。主な著書に、『未来は変えられる！』『魂主義という生き方』『1億総自己ベストの時代』『希望の王国』『魂の発見』『新・祈りのみち』『あなたが生まれてきた理由』『魂の発見』（以上、三宝出版）ほか多数がある。

## 信頼の関係——心と現実の転換①

心と現実を転換してゆく歩みは、その苦しみの底、ある意味で人生のボトムから始まりました。

橋本さんがそれからの10年の間に出会ったA常務、B部長、C部長、D氏——。この4人は、それまでの仕事を通じて出会った中で、もっとも厳《きび》しい4人衆《しゅう》でした。厳しいということは、苦の刺激や圧迫《あっぱく》を橋本さんに突《つ》きつけてきた人たちということです。当然、これまでの橋本さんならば、容易に破壊《はかい》の現実を周囲につくっていたでしょう。

しかし、橋本さんは、そこで新しい心と現実を生み出していったのです。

2003年のこと。橋本さんは、ある倉庫の土地に建設する2階建て店舗《てんぽ》の設計を担当することになりました。そのクライアントとして出会ったのがA常務でした。ご自身が構造設計の専門家だったこともあり、とにかく注文が多い方でした。

毎朝、8時半には電話がかかってくる。何日かに1度は会社に来て、「ああしてほしい、こうしてほしい」と要求し、「これはどうなっている?」と尋《たず》ねてくる。

かつてだったら、とたんに破壊者《デストロイヤー》が顔を出し、波動戦争《はどうせんそう》が勃発《ぼっぱつ》するところですが、橋本さんは動じませんでした。

「言われたことにはすべてお応《こた》えする」という態度で臨《のぞ》んだのです。

それは、相手の言葉をまず否定的にではなく肯定的に受けとめ、信頼を増幅《ぞうふく》する関係を循環《じゅんかん》させる1歩となりました。

かつての否定的な想いは、相手の否定的な想いを引き出し、自ら波動戦争を導《みちび》いていました。

読者の皆さんにも思い当たることがないでしょうか。強い怒《いか》りをぶつけられれば、当然、それに応《おう》じずにはいられないでしょう。橋本さんは、この心の波動の智慧《ちえ》を身につけるようになっていたのです。

この仕事を最後に、橋本さんは、職場を異動《いどう》、東京支社勤務となりました。

竣工間際《しゅんこうまぎわ》、橋本さんはA常務に挨拶《あいさつ》に行きます。

「今度、異動することになりました。この後は上司に引き継《つ》ぎます。お世話になりました」

ところが、A常務は「それは困るよ。あんたじゃなきゃ嫌《いや》だ」

いつも厳しいA常務が、まるで甘《あま》えるような親近感を持って言われたその言葉は、まさにクライアントとの間に信頼の関係が結ばれた証《あかし》でした。

## 必要とされる人材へ――心と現実の転換②

東京支社に戻《もど》って、2004年、さらに試練が訪《おとず》れます。

新たなクライアントは、橋本さんが担当したテナントのB部長。この方は、業界では厳格《げんかく》で雷を落とすことで有名でした。言うならば、橋本さん同様、破壊者《デストロイヤー》の心を持っていたのです。

異動先《いどうさき》の上司C部長も、それに劣《おと》らぬ厳《きび》しさがあり、歯に衣着《きぬき》せずものごとをはっきりされる方でした。

橋本さんは、この2人の間に入って仕事をしなければならなくなったのです。

かつての橋本さんであれば、2人の間で、きっかけさえあれば、すぐに内なる破壊者《デストロイヤー》を登場させ、波動戦争《はどうせんそう》を強めていったはずです。

しかし、橋本さんはここでも、それ以前とは一線を画《かく》した新たな心で仕事を進めてゆきました。

まず、東京支社での2年間、クライアントのB部長からどんな要請《ようせい》や要求があっても、「絶対にノーと言わない」と決めたのです。あらゆる要望に応《こた》え続ける――。終《しゅう》始《し》その姿勢を貫《つらぬ》きました。

一方、上司のC部長からは、最初に同僚《どうりょう》たちの前で、「前の部署での評価が悪すぎる。お前は可もなく不可もない。だから昇進はさせない」と指摘されました。

そのとき、橋本さんは、「部長は、どうしてそういうことを私に言ったのだろうか」と受けとめ、考えました。

そして、「部長は部長として、自分のことを想って叱咤《しった》してくれているのだ」と、C部長の気持ちを感じることができるようになっていったのです。

その中で、急きょ、橋本さんは、千葉の支店への出向を命じられました。先方の人手が足りないという理由でした。

一瞬、また「自分に嫌《いや》な役を押しつけてくるんだろう」と心が動きそうになりました。しかし、橋本さんは、新たな転勤先で、かつてとはまったく異《こと》なる道をつけてゆきました。

以前の橋本さんは、「朝は始業ぎりぎりに行けばよい」。そう思っていました。ある意味で、自分のことで精いっぱいで、職場のことや他の人のことまで考えられなかっ

講演の中で、橋本さんの人生の歩みを解き明かしてゆく著者。橋本さん本人も気づかなかった真実が初めて明らかになってゆく。常に笑顔で明るく、清々しさにあふれている橋本さん――その姿からは、以前はすぐに切れて怒りと罵倒が止まらない破滅的な人生を送っていたことなど、誰も想像もできないに違いない。未来は変えられる！橋本さんもまたその実証者の1人である。

たのです。

しかし、このとき、橋本さんの意識はまったく変わっていました。通勤時間はそれまで以上に長くかかるにもかかわらず、新たな支店のスタッフと信頼関係を結ぶために「誰《だれ》よりも早く出社しよう」と、30分前には出社しました。自分から挨拶《あいさつ》し、声をかけ、積極的なコミュニケーションを心がけたのです。

3カ月の出向《しゅっこう》期間が終わる頃のこと――。

支店の上司から、「橋本さんには、東京に戻《もど》らず、何とかこのまま、ずっと千葉にいてもらえないか」という話が出ました。

すると、東京のC部長が「それは困る。橋本君はうちに返してもらう」と、両支社で橋本さんの引っ張り合いが起こったのです。

かつては、周囲から腫《は》れものにさわるように扱《あつか》われていた橋本さん――。もうまったくの別人になっていました。

それは、同時に、快苦《かいく》の刺激に以前ほど翻弄《ほんろう》されなくなったということでもあります。快苦に翻弄されなくなったということは、快苦を超える目的に応《こた》えるようになったということです。

その目的に向かって、橋本さんは、自ら「原因」を生み出すようになっていた。つまり、「原因ストリーム」の宇宙に生き始めていたのです。

## 「最後の1人」という自覚――心と現実の転換③

2007年、橋本さんは、会社の業績の中核《ちゅうかく》部門となっている建築事業部への異動《いどう》を命じられました。もっとも忙《いそが》しく、ある意味で、もっとも注目されている、会社の花形部門《はながたぶもん》です。

ここで、橋本さんは、ある有料老人ホームの設計・施工《せこう》を担当することになります。クライアントはD氏。しかし、実際にホームを運営するのは、テナントとなる別の会社でした。D氏は、施設への思い入れゆえに、様々な要望を出し、ときには予算に合わない注文もありました。

一方、テナントとなる会社にも、設計上の要求がありました。D氏とすれば、資金を出すのは私。しかし、テナント会社としては、借りるのはウチ。その間で、話がかみ合わないことがしばしば起こったのです。ときには、険悪《けんあく》な雰囲気となって、波動戦争《はどうせんそう》になりそうなこともありました。

橋本さんは、かつて理不尽なことがあると相手が上司であろうと切れてしまい、誰ともうまくゆかず、しかも重篤のアトピーで休職にまで追い込まれた。しかし、まさにその人生のボトムで心と現実に転換が起こり、未来は変わっていった。人との信頼関係が蘇り、多くの人と協同できるようになり、設計した建物が社内コンペで優秀作品として入賞するなど、今、橋本さんは、会社にとってなくてはならない人材として高く評価されている。

しかし、困難な状況が続く中で、あるとき、橋本さんの内からこんな想いが生まれてきました。

「1つの建物をつくるには、響働《きょうどう》（心を1つにして響《ひび》き合いはたらくこと）が必要。しかし、同時に、責任者として自分が最後の1人。最後の1人である自分が怒《おこ》ってしまったら、本当によい建物はこの世界に生まれない」

その気持ちは、次第に心の中に根を張《は》り、確かなものとなって、波動戦争に傾《かたむ》こうとする橋本さんを押しとどめることになったのです。

その後、現実はどんどん光転《こうてん》してゆくことになります。

まず、この建物が、社内コンペで優秀作品として入賞しました。

そして、この大変な状況の中、橋本さんは、もともと取得していた一級建築士に加え、設備設計一級建築士、管理建築士の資格も取得することができました。

アトピーが改善せず、2000年に休職するとき、橋本さんは上司からこう言われていました。

「休職は、どんな理由であれ、社員評価では最低ランクのEをつけざるを得ない。サラリーマン人生として、Eがつくことは、それ以降、いろいろな支障《ししょう》が出ることになるが、それでもいいか」

実際、橋本さんは、96年に主任に昇進して以降、2008年までの12年間、1度も昇進の機会はありませんでした。

しかし、建築事業部門へ異動した後、2008年には上級の主任に昇進。さらに、2010年には、課長に昇進することになりました。

そして長年にわたって橋本さんを苦しめてきたアトピーも完治《かんち》、仕事にも一層集中できるようになりました。

気がついてみれば、今では、何人もの部下を持ち、会社になくてはならない人材になっていたのです。

## 結果ストリームから始まる――「中古品人生《セコハンじんせい》」という条件

私たちは、本書によって「結果ストリーム」から「原因ストリーム」へのジャンプを果《は》たし、自らの未来を変えようとしています。

そのとき忘れてはならない重要なこと――。それは、どの人生も例外なく、最初は「結果ストリーム」から始まるということです。

私たちの人生のスタートを想ってください。それは、何もできず、何もわからない赤子からの出発です。

無力な赤子は、そこにあるものをそのまま吸収して成長してゆきます。つまり、「結果」として現れている世界を信じ、それをそのまま受け取ることから始まるのです。そこには何の吟味《ぎんみ》も、点検もありません。

そんな始まりの中で、人生にもっとも大きな影響を与えるものが両親であり、生まれ育った家の環境であり、両親から流れ込《こ》む価値観や生き方であることは、あなたも同意されるでしょう。

両親のつぶやき、行動のくせ、世間に対する見方、人間関係のつくり方。たとえ順応するにしても反発するにしても、それらに大きく影響されてきたことに変わりはありません。

言うならば、人は親からもらった中古品の部品によって、心をつくり、人生をつくっている。

問題は、その「中古品人生《セコハン》」という条件が人生の重荷《おもに》となってしまうことです。まるで何十キロもある荷物を背負《せお》わされて、人生という旅を続けるようなものです。

あなた自身はいかがだったでしょうか。

ここで少し、あなたのこれまでの人生、ご両親のことを心に蘇《よみがえ》らせてください。幼《おさな》い頃の思い出。楽しかったこと、悲しかったこと、つらかったこと。忘れられない出来事、事件……。

両親からは、どんな言葉をかけられ、どのように育てられたでしょうか。

そこに、あなた自身が背負《せお》っているものが見えてくるかもしれません。

## 「快」を求め「苦」を退《しりぞ》けよ――快感原則という条件

そして、私たちの人生にセットされるもう1つの条件――。それは、肉体から流れ込《こ》んでくる「快感原則」です。

寒いときは衣服を求め、お腹がすけば食べ物を欲《ほっ》する。「快」を求め「苦」を退ける快感原則は、あらゆる生命が本能的に従《したが》う生命原則です。もし、この原則に従わなければ、生物はたちまち生命の危険にさらされます。

たとえば、痛みを感じない「先天性無痛症《せんてんせいむつうしょう》」という疾患《しっかん》を抱《かか》える子どもたちは、快感原則がはたらかず、自分の身体を守ること自体が困難になります。

ものにつまずいて足の指を傷つけ、爪《つめ》をはがしてしまったり、じっと正座をしていても何も痛みがないために関節部分の血行が阻害《そがい》されたりします。

健常者には何でもない行為でも、常に命の危険に直面してしまうのです。自分の痛みを感じられないだけでなく、他の人の痛みを思いやることも難《むずか》しくなり、ときには家族や周囲の人を深く傷つけてしまう危険も生じます。

それだけ、快感原則は、人間が生きる上で大切なものだということです。

しかし、大切ではあっても、私たちは、その原則を肉体的感覚的な範囲にとどめず、どんどん拡張《かくちょう》していってしまうのです。

好きなこと、得をすること、プラスになること、生きやすくなること、ものごとが望むように進むこと、「Yes《イエス》」と肯定されること、認められること、価値があることと……。それらはすべて「快」のグループとなります。

一方、嫌《きら》いなこと、損《そん》をすること、マイナスになること、生きにくくなること、ものごとがうまく行かないこと、「No《ノー》」とストップがかかること、認められないこと、価値がないこと……。それらはすべて「苦」のグループとなります。

そして実に単純に、「快」のグループに対しては「マル」、「苦」のグループに対し

## マルかバツか

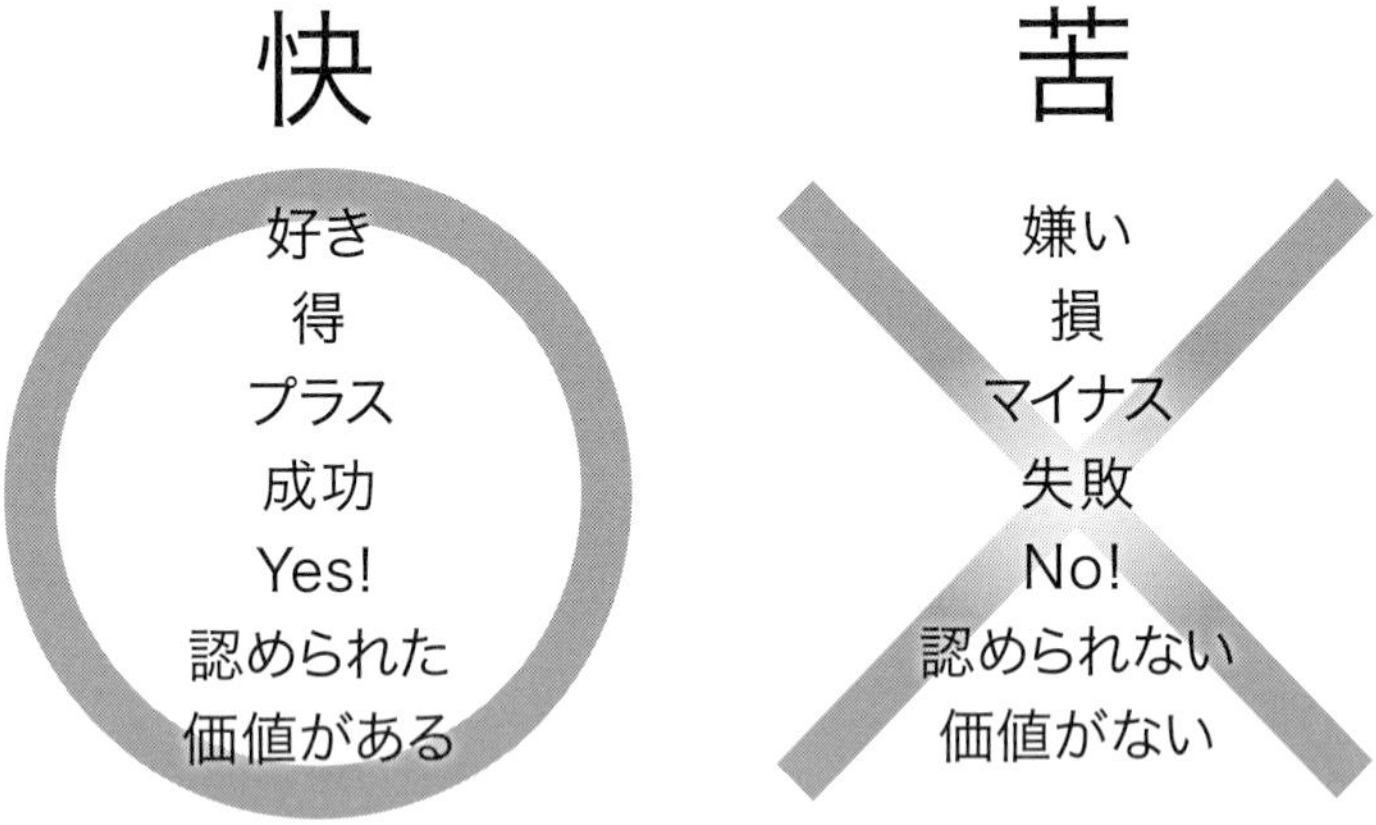


「マル」か「バツ」かのレッテルを貼って、
人は「快」を求め、「苦」を退ける生き方を繰り返してしまう

図6

ては「バツ」のレッテルを貼《は》って、「快」を求め、「苦」を退ける生き方を繰《く》り返してゆくのです（図6）。

## アップ・ダウンの「快苦《かいく》の振動《しんどう》」回路《サーキット》

では、実際、私たちは「快」「苦」にどう反応しているのでしょうか。

「快」「苦」のいずれの刺激でも、それがやってきたとたん、私たちはまるでトンネルに入ってしまったかのように、決まった道を突《つ》き進んでしまいます。それを途中でストップすることはまず不可能。まるで「快」「苦」でスイッチが入る、アップとダウンの閉《と》じた回路《サーキット》です。

「快」の刺激は「マル」、アップです。ウキウキする感じ。「ヤッター」と舞《ま》い上がり、心が大きくなって「あれもこれもできる」と勢《いきお》いがついて暴走。独善的《どくぜん》になったり、強引《ごういん》になったりします。あるいは、幸せな気分で「もう大丈夫」と安心しきって緩《ゆる》み、眠り込んでしまいます。

一方、「苦」の刺激は「バツ」、ダウンです。嫌《いや》な気分。「ダメだー」と落ち込《こ》んで心を小さくし、否定的な考えをあれこれ巡《めぐ》らす。圧迫感で身動きが取れなくなってしまいます。あるいは、「冗談《じょうだん》じゃない！」と赤信号が点《とも》る。「やられる前にやっつけろ！」と戦闘態勢《せんとうたいせい》に入ります。

「ヤッター」「もう大丈夫」か、「もうダメ」「冗談じゃない」か。「快」「苦」のスイッチで、アップ・ダウン、アップ・ダウン……。この「快苦の振動」と無縁《むえん》だと言える人がいるでしょうか。

これまでの日々を振り返ってみてください。

あなたも、想う以上にその振動を繰《く》り返してきた1人ではないでしょうか。

毎日の生活の中で、私たちがどれほど自然に、「快苦の振動」の回路《サーキット》に入り込んでいるか――。どれほど、その振動にエネルギーを消耗《しょうもう》しているか。実は、それ以外のことはほとんど何もしていないと言っても過言《かごん》ではないくらいです。

逆に言えば、生まれ育ったままの私たちがそれ以外の尺度《しゃくど》で生きることはきわめて難《むずか》しいということなのです。

## これでは「原因」をつくる側《がわ》には回れない

でも、もし私たちが、この「快苦《かいく》の振動《しんどう》」の回路《サーキット》だけで生きてゆくとしたら、どうなるでしょう。
あらゆることが「マル」か「バツ」かで終わってしまいます。私たちの生き方は、間違いなく「結果」に翻弄《ほんろう》されるだけの表面的なものになります。可能性は閉《と》ざされ、「原因ストリーム」の宇宙はますます私たちから遠のいてしまうのです。

本章の橋本さんは、「苦」に敏感でした。ちょっとしたことでも自分に対する攻撃《こうげき》と受けとめ、すぐに赤信号が点《とも》って、「やられる前にやり返せ!」とばかり、相手を攻撃せずにはいられなくなる。「苦」の刺激でスイッチが入ったとたんに自分の中から破壊者《デストロイヤー》が飛び出してきて、気に入らない現実を壊《こわ》してしまう。橋本さんの周囲にはその残骸《ざんがい》が散らばり、殺伐《さつばつ》とした人生の風景が広がりました。

そして、果《は》てしなく繰《く》り返される戦闘《せんとう》のために心身ともに疲弊《ひへい》し、ますます自暴自棄に陥《おちい》ってゆく。それはまさに「結果」に翻弄《ほんろう》されるだけの人生であり、新しい未来の「原因」をつくる生き方から隔絶《かくぜつ》してしまっていました。

1章の大山敏恵《おおやまとしえ》さんも、かつては、「苦」がやってくると悪い方向、否定的な方向にばかり考えることをやめられませんでした。すぐにあきらめ、「自分なんか、どうせ何をやってもダメ」と一歩も踏《ふ》み出せなくなっていたのです。

しかし、それでは目の前に現れた「結果」に囚《とら》われるだけで、新しい未来のための「原因」などつくりようがありません。

「快苦の振動」の回路《サーキット》の哀《かな》しさは、心に閉《と》じたループ（「感情の脚本《きゃくほん》」「思い込《こ》みの思考」。詳《くわ》しくは拙著《せっちょ》『運命の方程式を解く本』110頁参照）をつくり出し、妄想《もうそう》的な感情や思考を自分では修復できないところまで増幅《ぞうふく》してしまうことです。

心の底では、違うものを求めているのに、自分ではどうすることもできない――。そんな痛みを抱《かか》えることになるのです。

こうなってしまうのは、大山さんや橋本さんのような「苦」の振動だけではありません。「快」の振動でも、同じ運命をたどります。

「快」のスイッチが入ると、「もう大丈夫」「よかった」と安心し、落ち着いて腰を下ろす。心配事があっても「まあ何とかなる」「きっと誰《だれ》かがやってくれるだろう」と緩《ゆる》い対応で、ものごとを問題含みで停滞《ていたい》させてゆくのです。

このような「結果」に満足した状態で、どうして新たな「原因」をつくろうとするでしょうか。新たな未来は自分がつくるのではなく、誰かがつくってくれるか、どこからともなくやってくると思っているのです。

また、「快」がやってきて、「ヤッター！」と舞《ま》い上がることもあります。「これもできる、あれもできる」と心を大きくして暴走《ぼうそう》する。自分のやりたいことをどんどんやってゆくことから、一見、この「快」の振動は「原因」をつくり出しているように見えます。自分でも、新たな現実を生み出している実感がある。でもそれは、あくまで自分の思い込みと独《ひと》りよがりの感情が増幅されているだけで、本当の責任に応《こた》えることはできません。

自分では積極的に新しい現実を生むための「原因」をつくっていると思っても、実際は願うべき未来の「原因」を生むことはできないのです。

さあ、いかがでしょうか。

この快苦の振動では、どう転《ころ》んでも、未来のための新たな「原因」をつくることは困難だということです。

## 不思議な共通性——こうなってしまった・こうさせられた

私たちを閉《と》じ込《こ》め、束縛《そくばく》する「快苦《かいく》の振動《しんどう》」の回路《サーキット》——。快苦の振動に囚《とら》われているとき、私たちの周囲には、それぞれの振動に特徴的な、異《こと》なる不自由さ、がんじがらめの問題が現れます。

けれども、不思議なことに、すべて快苦の振動に、等しく共通していることがあるのです。

それは、どの振動を起こしていても、自分の周囲に現れる不本意な現実や問題に対して、一様に「こうなってしまった」「こうさせられた」と受けとめていることです。

橋本さんが生み出していた破壊者《デストロイヤー》の現実――。はたから見れば、どう考えても、それは橋本さんが起こしたことであり、言うならば、加害者であるはずですが、自分の中では、そのスイッチを入れたのはあくまで相手、原因の発端《ほったん》は「自分以外の誰《だれ》か（何か）」であり、自分は被害者だったのです。

快の振動も同じです。たとえ「ヤッター！」「よかった」と満足していても、自分にとって不本意《ふほんい》な現実や問題が起これば、一様《いちよう》に「こうなってしまった」「こうさせられた」と受けとめるのです。

現実に対するそれぞれの見方・捉《とら》え方は、正反対と言ってもよいほど違うのに、なぜか、事態が生じたのは「自分以外の誰か（何か）のせいだ」と信じて疑《うたが》わない点では、完全に一致《いっち》しているのです。

## 閉《と》じた回路《サーキット》からの脱出法――自分を「原因」と受けとめる

しかし、だからこそ、そこに転換の鍵《かぎ》があります。

たとえ不本意な現実でも、「冗談《じょうだん》じゃない！」と叫《さけ》んでしまう事態でも、「それをつくり出している『原因』は自分にある」と受けとめることです。

○○のせいで「こうなってしまった」から、自分が「こうさせてしまった」へ、想いを転換すること。

言葉では単に「なって」と「させて」の違いですが、もしあなたがその転換を果《は》たせば、あなたが目にする風景は、まったく変貌《へんぼう》します。白黒がカラーになるくらい変わります。

同時に、あなたの中で「カチッ！」とスイッチが入り、生きるエネルギーと周囲への影響力は少なくともこれまでの倍以上になるでしょう。

「この現実の『原因』は私だ」と受けとめること――。それが、閉じた心の回路《サーキット》を脱出する第1のステップであり、「結果ストリーム」から「原因ストリーム」へのジャンプの鍵にほかなりません（図7）。

橋本大助《だいすけ》さんの転換は、絆《きずな》の再生、人生の癒《いや》しというところから始まっています。

## 自分を「原因」とする

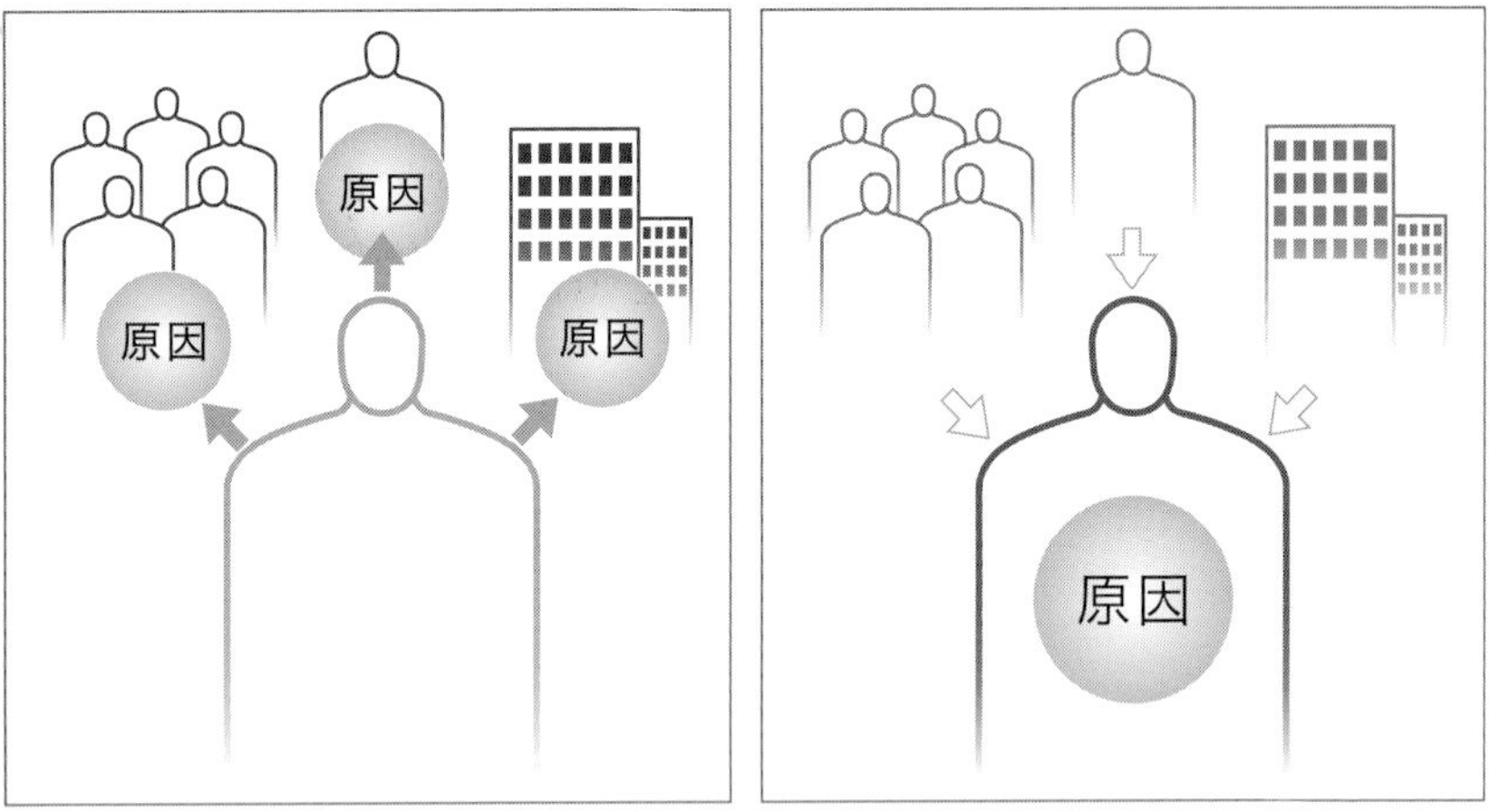


自分の外に「原因」を見る

あの人たちが悪い
Aさんがおかしい
会社が問題……

自分を「原因」とする

自分がそうさせてしまった
自分に不足があったのではないか
もっとこうすることもできた

図 7

人生の中で、愛されていることを感じられず、絆を見失ってきた橋本さんは、自分が愛されていることを感じ、他との絆を実感できたとき、深く癒されました。

その体験を経《へ》た橋本さんは、自分が現実を壊《こわ》してきた「原因」であることを本当に認めることができたのです。そして、その振動に負けてはいけない。己《おのれ》の本能のごとき心に負けてはいけない。それを繰《く》り返すまいと、「苦」の振動に陥《おちい》らない工夫《くふう》を始めました。さらには職場全体のことを考え、より大きな責任を果《は》たそうと前進しました。かつて「苦」の振動で、破壊者《デストロイヤー》を繰り出していた橋本さんとは、まるで別人のようです。

橋本さんは、確かに「未来は変えられる」ことを証明したということです。

人生に現れた現実の「原因」が自分にあると受けとめることは、「郵便ポストが赤いのも、電信柱《でんしんばしら》が高いのも、みんな私が悪い」ということではまったくありません。

改めて自らの人生を想うとき、喜怒哀楽《きどあいらく》に彩《いろど》られた人生の風景を見渡すとき、どんな感慨《かんがい》が訪《おとず》れるでしょう。

あなたの人生は、あらゆるものから影響を受け、厳《きび》しい条件を課《か》せられ、翻弄《ほんろう》されてきた。中には自分ではどうすることもできないものもあった。しかしそれでも――

「あなたの人生の主人は誰《だれ》か？」

そう問われたとき、あなたは間違いなく、こう答えるのではないでしょうか。

「それは、私である」

私たち1人ひとりが、それぞれの人生の主人であり、人生の中心に座《ざ》すべき存在です。私たちは誰もが、その人生において果《は》たしたい願い、人生の目的を抱《いだ》いている魂の存在――。

ならば、「この人生を本当の意味で自分に引き受けてゆこう」という想いがあふれてくることは必然です。そして、「人生を引き受ける」という気概《きがい》を抱《いだ》き、日々、降《ふ》りかかってくる現実の中心に自分を置くこと。

それが自分を「原因」とするということです。人生の「原因」は自分にあると心から受けとめたとき、私たちは同時に未来の「原因」そのものになっている――。

たとえ自己保存の本能、快苦の振動が生じようと、私たちはそれを超えて、本来、魂の理想を果たすために新たな原因をつくろうとします。

それこそが決定的な転換、決定的なジャンプへの1歩なのです。

3章

# 試練を力に変えるカオス発想術

## 「幽霊《ゆうれい》ビル」と呼ばれた小樽《おたる》駅前第3ビル

北海道の日本海側に位置し、山と海に囲《かこ》まれた港湾《こうわん》都市、観光都市として人気の高い小樽市――。

その中心地、JR小樽駅の真向《まむ》かいに立つ小樽駅前第3ビル（愛称：サンビル）は、ホテルや銀行、レストランや商店街が入った複合ビルで、地域の活性化に貢献《こうけん》してきました。2階の屋内《おくない》市民プールは、「小樽っ子なら誰《だれ》もが一度はお世話になったことがある」と言われるほど、市民に親しまれてきた施設です。

しかし、地方衰退《すいたい》の波が押し寄せる中で、札幌市のベッドタウンとして道内7位の小樽市も、1960年代は18万人だった人口が2010年には13万人まで減少。同年に総務省から過疎《かそ》地域の指定を受けました。

過疎化と低迷《ていめい》する経済の影響によって、駅前第3ビルの経営は思わしくありませんでした。ビルの約6割の床《ゆか》面積を占《し》めていた小樽国際ホテルが次第に営業不振に陥《おちい》り、90年代半ばからは、電気代や水道代、共益費や管理費などの支払いが滞《とどこお》って、滞《たい》納《のう》金は何と1億数千万円。さらに毎月1千万ずつ膨《ふく》らみ続けるという状態でした。そして、ついに2002年5月に営業停止。翌年には競売《きょうばい》にかけられてしまったのです。

さらにホテルによって成り立っていたテナント店舗も、1軒、2軒と出てゆき、ホテルの跡《あと》には、いたずら目的で立ち入る不審者《ふしんしゃ》も現れました。トイレは壊《こわ》され、鏡《かがみ》は割られる。まるでゴーストタウンのようになり、地元新聞も「幽霊ビル」と呼ぶまでになっていたのです。

## 「いつかどうにかなるだろう」が原因だった

駅前第3ビルの管理会社で当時、総務部長として、実質的に現場の責任者だったのが浅村公二《あさむらこうじ》さんでした。

事《こと》の発端《ほったん》となった出会いは、ホテルが営業停止となる2カ月前の2002年3月。私は、札幌で行われる講演のため北海道に赴《おもむ》きました。そのとき、新千歳《しんちとせ》空港まで出《で》迎《むか》えてくださった方々の中に浅村さんの姿もありました。

今、浅村さんは、これから始まる長く険《けわ》しい仕事の始まりに立っている。事態は緊《きん》迫《ぱく》しているけれども、浅村さんによって、その未来は大きく左右される――。私の心に、会社や建物のヴィジョンが浮《う》かび、関わる時であることを促《うなが》されたのです。わずかな時間でしたが、私は単刀直入《たんとうちょくにゅう》にホテルの件についてお話ししました。

「浅村さんが思っている以上に今、会社にとって大切なときです。多額の未収金《みしゅうきん》のこと——。それなのに、浅村さんの中で、『いつかどうにかなるんじゃないか』と、予定調和的な感覚があるのではないでしょうか」

「……その通りです。確かにその通りでした」

浅村さんは、虚《きょ》をつかれたようにハッとしていました。

実はそれまで、ビルの古さやホテル側の対応などが、この問題の少なからぬ原因と思っていたのです。しかし、私の問いかけによって、「いつかどうにかなるだろう」という自分の想いこそが、事態をここまで深刻にした最大の原因だったのだと、瞬時《しゅんじ》に得心《とくしん》したのです。

浅村さんが心に抱《いだ》いていた1つの傾向があります。それは、何となく「こうなったらいいな」と願いや理想を抱くものの、問題や課題の分析は曖昧《あいまい》なまま放置。具体的な「目標」を明確にしないため、結局、いつも混乱や停滞《ていたい》を生み出してしまう傾向です。

残念だけど仕方がないと思っていた。しかし、本当はもっとできることがあったに違いない。申し訳なかった――。浅村さんの中で、大きな後悔が湧《わ》き上がりました。

浅村さんは、とても温厚《おんこう》で優《やさ》しく、誰《だれ》もが「いい人」と評《ひょう》する方です。しかし、その温厚さ、優しさが、同時に「最後は、誰かが何とかしてくれる」「時間が経《た》てば解決する」といった、予定調和的な意識にもなっていたのです。

事実、ホテルの一件も、滞納金《たいのうきん》を立て替《か》え続けながら、それも無理となり、結局は、より厳《きび》しい対処《たいしょ》で臨《のぞ》まざるを得なくなりました。

ホテルだけではなく、他のテナントの中にも、数百万、1千万といった滞納金を立て替えているケースがあり、このままならば、最後は、ホテルと同じ措置《そち》を執《と》らざるを得なくなるはずでした。

あなたの優しさは本当の優しさなのか。それとも刹那《せつな》的な、自己満足で終わる優しさなのか――。浅村さんは事態からそう呼びかけられていたのです。

## 「建《た》て替《か》え」の方針が決まる

結局、ホテルは滞納金《たいのうきん》の支払《しはら》いを履行《りこう》することができず、送電・給水は停止。小樽《おたる》国際ホテルは、事実上、26年の歴史に幕を下《お》ろしました。

光熱水費のさらなる滞納は抑《おさ》えることができたものの、その他の共益費・管理費の滞納は膨《ふく》らみ続け、根本的な解決にはほど遠い状態。しかも、ＪＲ小樽駅の真正面《ま》にあるビルの危機は、観光地・小樽にとって、大きなイメージダウンになりかねないものでした。

「小樽駅を降《お》りたら、その正面が真っ暗だなんて……。早くどうにかしてほしい」

地元の人々は危機感を募《つの》らせました。中には、事情を十分には知らないまま、浅村さんたちを批判する人たちも現れました。ホテルの窓ガラスには、小樽駅前ビル株式会社や小樽市に対する抗議《こうぎ》のビラが貼《は》られました。

それだけではありません。すっかり人通りの減ったビルに残る多くの店舗《てんぽ》の売り上げが著《いちじる》しく落ち込《こ》んでいました。小樽駅前第３ビルの今後をどうするのか――。それは待ったなしの問題となったのです。

営業停止後、ホテルは何度か競売《きょうばい》にかけられたものの、応札者《おうさつしゃ》がなく不調に終わり、結果、２年を経《へ》ても、小樽駅の真ん前が空《あ》き家《や》のままという異常事態となっていました。

浅村さんは、ビル管理会社を中心に、駅前第３ビルの商店会、小樽市、さらに商工会議所などに呼びかけ、合同の検討会議を開きました。様々な議論の末、結局、駅前第3ビルそのものを建て替えることになったのです。

しかし、ビルの建て替えが決まってからも、事態は順調に推移《すいい》したわけではありません。浅村さんの前には、次から次へと難問が立ち現れたのです。

## 次々と立ち現れる問題

厳《きび》しい経済状況の折、市の財政にも余裕がありません。60億円に及ぶ**建《た》て替《か》えの費用をどう工面《くめん》するか**が問題となりました。幸い、この問題については、「市街地再開発事業」の手法によって、交付金や補助を受けて進めるという解決の道が早期に見出《みいだ》されました。

もともと小樽駅前第3ビルは、1976（昭和51）年に、成立して間もない「都市再開発法」に基《もと》づいて建設されたもの。今回の取り組みは、全国でも初の同じ区域での「再々開発事業」として注目されるところとなったのです。

そして、2005年7月には、「小樽駅前第3ビル周辺地区再々開発準備会」が発《ほっ》足《そく》し、浅村さんはその事務局長に就任《しゅうにん》しました。

しかし、事業が本格的にスタートするや、それは想定以上の難事業であることが次々に明らかになっていったのです。

さっそく、当初から最大のネックとされていた問題が浮上《ふじょう》しました。区分所有ビルゆえの**権利調整の難航《なんこう》**です。ホテル、市民プール、銀行のほかに、歯科医や洋装店、飲食店など多様なテナントがあり、立場や利害も異《こと》なる30もの地権者全員から同意を取り付けるのは、困難きわまることでした。

また、市街地再開発事業としての法的要件を満たすためには、周辺の整備も必要で、**周辺区域の方々の立ち退《の》き・一時的な移転の同意を得なければならない**という問題が発生しました。

「どうして自分たちまで巻《ま》き込《こ》まれなければならないのか」。当然そう考える住民の方々を果《は》たして説得できるのか。地権者の説得とは比べものにならないほどの壁《かべ》が、そこに立ちはだかったのです。

たとえビルやその周辺を出て行くことに同意を得ても、その方々には、**代替店舗《だいたいてんぽ》・代替地を用意する必要**がありました。

人によっては、「ビルから3メートル以上離れるなら、動かない」と言われる方、また、どうにか候補地を見つけても、赴《おもむ》く先のビルやエリアにすでに同業者がいれば、また新たに探《さが》し直さなければなりませんでした。

加えて、**工事期間休業するテナントや周辺の方々には、それ相応の休業補償《ほしょう》を手当てする必要**がありました。**その額は高額に上《のぼ》り、予算を大きく圧迫する**ことが予想されました。

さらなる問題として、最終的には**2億4千万円にまで膨《ふく》らんだホテルの滞納金《たいのうきん》の回収**をどうするのか――。ホテルの競売《きょうばい》が進まない中、依然《いぜん》として未解決のまま宙《ちゅう》に浮《う》いてしまっている状態でした。

そして、ホテルの経営が破綻《はたん》してしまった今となっては、もはや3割でも回収できれば上出来《じょうでき》というのが大方の見方だったのです。

再々開発計画の具体的な内容が煮詰《につ》まってゆく中で、さらに新たな問題が現れてきました。

**市民プール閉鎖《へいさ》に対する反対運動**です。複合ビルのプール設置には、湿度対策など多額のコストがかかり、駅前第3ビルの維持《いじ》を困難にした1つの原因でした。そのことを痛感していただけに、採算面でも安全面でも、計画ではプールの新設は断念せざるを得ませんでした。

ところが、市民プールは、小樽《おたる》市民にとって思い入れのある施設。プール閉鎖の方針が明らかとなるや、計画反対の署名《しょめい》運動が起こったのです。結果的に、小樽市民の4人に1人にあたる3万人もの署名が集まる事態となりました。

その上、駅前第3ビルと第2ビルとの間に架《か》かっていた**歩道橋の撤去《てっきょ》も問題**となりました。景観《けいかん》を損《そこ》ねているという理由で市民の評判も悪かったための撤去だったのですが、隣接《りんせつ》する第2ビルの商店会から、「歩道橋がなくなるとお客さんが来なくなる」と、反対の声が挙《あ》がったのです。

## さらなる試練の連続

問題はそれだけにはとどまりませんでした。実際に建て替《か》えの段階になると、さらに深刻な問題が次々に立ち現れてきたのです。

駅前第3ビルの建て替えにあたっては、ホテル棟《とう》とマンション棟というツインタワービルに、ショッピングモールを併設《へいせつ》するという計画が立てられました。そして、その計画の鍵《かぎ》を握っていたのは、言うまでもなくホテル棟の売却先《ばいきゃく》です。この問題について、浅村さんたちは、大手ホテルチェーンへの売却交渉《こうしょう》に成功します。

ところが、2006年1月、そのホテルチェーンが、各地で法律に違反して増改築《ぞうかいちく》を行っていたことが明らかとなり、社会問題となって交渉は白紙撤回《てっかい》。新たな売却先を探《さが》さなければならなくなりました。

そして、やっとのことで見つかった新たな売却先が、今度は、親会社の経営破綻《はたん》に見舞《みま》われ、またしても挫折《ざせつ》——。**繰り返されるホテル売却の白紙撤回によって、事業の根幹《こんかん》に関わる危機**を迎《むか》えたのです。

さらに**ホテルの所有権が、数年間転々とした末、暴力団関係者の手に渡っていたという事実が発覚《はっかく》**します。浅村さんは、その交渉の矢面《やおもて》にも立たなければならなくなりました。

そうした中で、「人生明るいときばかりじゃないぞ。家族もいるんだろ?」といった脅《おど》しの電話が、職場ばかりか自宅にもかかってくる。自宅前に見たこともない車が停《と》まっている。今まで体験したことのない不安が浅村さんを襲《おそ》いました。

これでもかというほどの試練の駄目《だめ》押しが費用の問題でした。資材の値上がりなどによって、**当初約60億円の予算が、結果的に約7億円も膨《ふく》らむ事態**となったのです。

資材の見直しなどの努力で5億円の増額にまで圧縮し、そのうち4億円ほど調達《ちょうたつ》できる目処《めど》を立てたものの、残り1億円がどうしても調達できないまま最終局面を迎えたのでした。

こうした困難の中で、**浅村さんとともに取り組んでいる関係者が、1人また1人と心身の不調を訴《うった》えて離脱《りだつ》**してゆきました。言葉にならない悲しさと空虚感《くうきょ》。そのたびに、力が抜《ぬ》けてゆくような想いを浅村さんはどうすることもできませんでした。当初から一貫《いっかん》して現場に立ち続けてきた浅村さんへの重圧は、想像を超えるものとなっていったのです。

## 誰《だれ》もが計画の破綻《はたん》を考えていた

これだけの問題が噴出《ふんしゅつ》し、そのほとんどは未解決。次から次へと問題が持ち上がる中、市議会でも、事業の推進《すいしん》を不安視《し》する声が挙《あ》がり始めます。新聞でも、「進まぬ小樽駅前再々開発」「開業まで課題山積《さんせき》」などの見出《みだ》しが躍《おど》るようになっていました。

事業に携《たずさ》わった大手建設会社の担当者の方は、こう振り返っています。

「後半になるともう、『あれもダメ、これもダメ』で、計画していたものが進みません。（上役から）『この事業、大丈夫なのか？』と、毎週言われていました」

浅村さんの会社の経理担当者は、毎月の資金繰《ぐ》りに苦慮《くりょ》し続けました。大きな支払《しはら》いの自動引き落とし日に、お金が口座にないという夢を見て、夜中に何度も目を覚《さ》ますという状態が続いたと言います。

小樽《おたる》駅前再々開発の計画は破綻か――。誰もがそう思っても不思議はない状態でした。

会社には連日のように新聞社の取材が押し寄せてきます。

「ああ、これでもう再々開発もダメか。会社も倒産か……」

浅村さん自身、そう思わざるを得ない状況へと追い込《こ》まれていたのです。

## マル・バツかカオスか――事態をどう受けとめるのか

ここで、浅村さんを襲《おそ》った試練をまとめてみましょう。

①建て替《か》え費用60億円の工面《くめん》、②権利調整の難航《なんこう》、③周辺区域住民の立ち退き及《の》び一時的な移転、④代替店舗《だいたいてんぽ》・代替地の確保、⑤休業補償《ほしょう》の手当て、⑥ホテルの滞納《たいのう》金2億4千万円の回収、⑦市民プール閉鎖《へいさ》に対する反対運動、⑧歩道橋撤去《てっきょ》に対する異《い》

議《ぎ》、⑨繰《く》り返されるホテル売却の白紙撤回《てっかい》、⑩ホテル所有権に関する暴力団関係者との交渉、⑪当初予算60億円がプラス7億円の膨張《ぼうちょう》、⑫関係者が相次いで心身の不調を訴《うった》えて離脱《りだつ》……。

もし、あなたが、これだけの現実を突《つ》きつけられたらどうでしょうか。問題山積《さんせき》、しかも後から後から難題が生じてくる。さらにその1つ1つが一筋縄《ひとすじなわ》ではゆかず、解決の道も見えない。関係者のほとんどが、「もう無理だ」と頭を抱《かか》えている……。

「快苦《かいく》の振動《しんどう》」のマルかバツかで言えば、この事態は、バツでしかありません。しかもただのバツではなく、バツもバツ、大バツです。「とても無理だ！」とさじを投げても何の不思議もありません。

では、浅村さんはこの現実にどう向き合ったのか――。

浅村さんは、この事態を「バツ」とは受けとめなかった。

「カオス」として受けとめたのです。

プロローグで触《ふ》れた「カオス」を憶《おぼ》えているでしょうか。「カオス」とは、まだ結果が出てない、形になる前の混沌《こんとん》とした状態のことだと言いました。改めて26頁のカオスの図を見てください。

「カオス」という言葉は、しばしば混乱や無秩序というネガティブな意味で使われます。しかし、本書における「カオス」はそうではありません。もともと「カオス」の語源は、ギリシア神話の原初神《げんしょしん》カオス——宇宙のすべてがそこから生まれていったとされるものです。

「カオス」とは、宇宙開闢《かいびゃく》以前の、まだ何も形になっていない状態——無であると同時にすべての可能性を秘《ひ》めた状態を指しているのです。

## カオスの法則

「カオス」には、様々な可能性と制約——光転因子《こうてんいんし》と暗転《あんてん》因子が孕《はら》まれ、そのエネルギーが渦巻《うずま》いています。

光転因子とは、現実を調和や発展、深化に導《みちび》いてゆく要素、手がかりです。それは、思いも寄らないチャンスかもしれません。貴重な人材かもしれない。新しいシステム、想像もしなかったヴィジョンかもしれません。

一方、暗転因子とは、現実を混乱や停滞《ていたい》、破壊《はかい》に導いてしまう要素、きっかけです

## 光と闇を孕むカオス

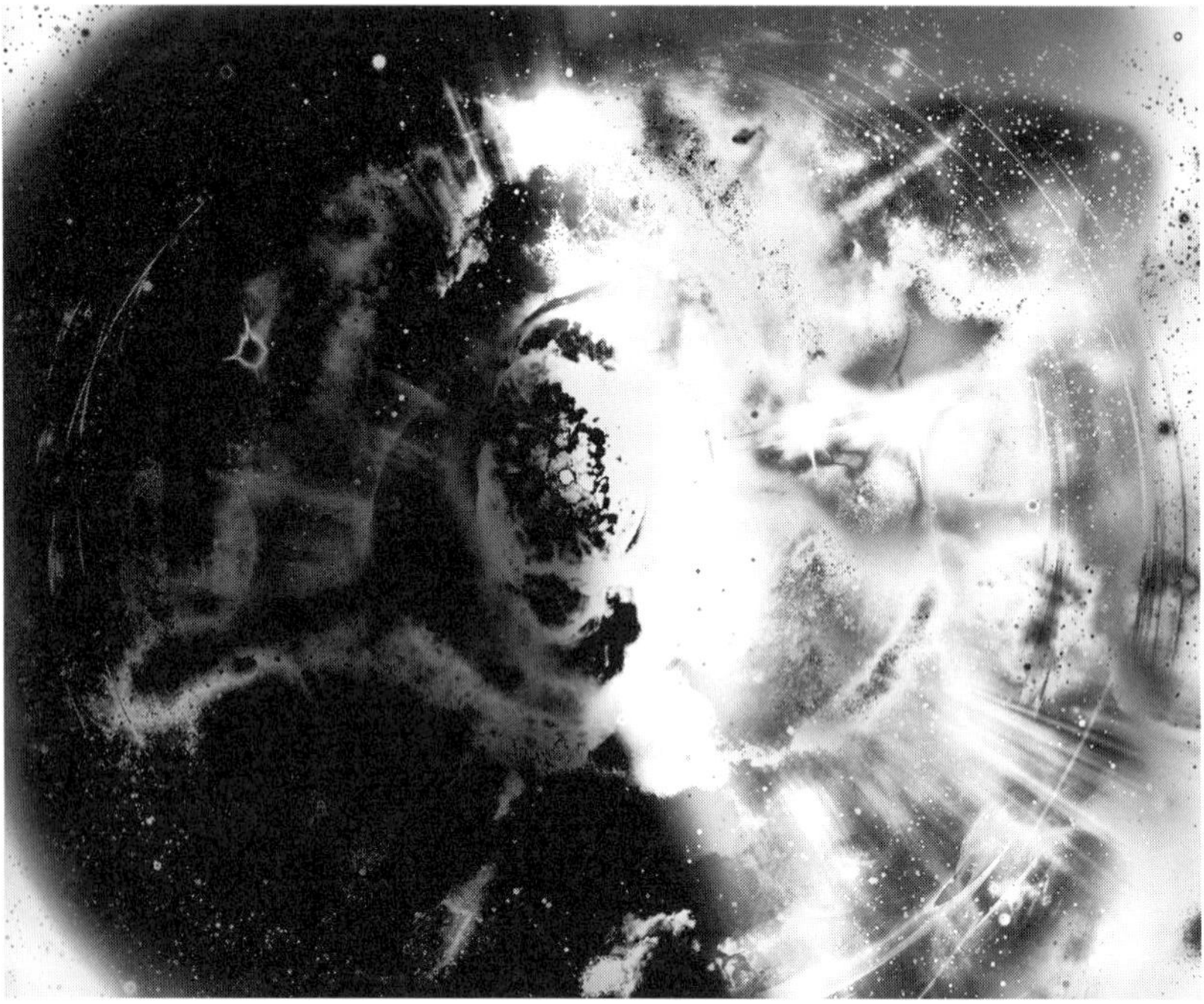

カオスの中には、調和や発展、深化につながる光転因子と、
混乱や停滞、破壊を導いてしまう暗転因子が孕まれている

図8

QRコードにアクセスすると、さらに詳しい図の情報が得られます。

（図8）。それは、コミュニケーション不足かもしれません。当たり前になっていたルーチンワークの限界、あるいは、一見《いっけん》、力があっても、協調できないスタッフの問題かもしれません。

あらゆる事態は、それが成功であっても失敗であっても、チャンスであってもピンチであっても、光と闇《やみ》、光転因子と暗転因子の両方を必ず抱《いだ》いているということなのです。その発想を持つことが決定的です。

浅村さんは、直面していた問題山積の状態をカオスと受けとめ、そこにはまだ可能性があり、今は見えなくても実現されることを待っている青写真があると考えたのです。

私たち人間は、未来からやってくるカオスに、自らの心と行動をもって触《ふ》れることによって、形を与《あた》えます。カオスを新たな「現実」として現象化させ、過去に積み上げてゆきます（図9）。カオスは、私たちの心と深く結びついていて、私たちの心の変化によって姿をまったく変えてしまう流動性を抱《いだ》いているのです。

私たちの心が無関心ならば、どんな可能性のあるカオスも、無機的な石の塊《かたまり》のようにしか見えません。逆に、欲得でカオスに接《せっ》すれば、どんなにリスクがあっても、自

# カオスに形を与える人間

受発色：受信 → 発信 → 現実　の心のはたらき

人は、未来からやってくるカオスに
自らの心と行動をもって触れることによって、形を与えてゆく

図9

QRコードにアクセスすると、さらに詳しい図の情報が得られます。

分に都合のよい宝物にしか見えなくなってしまいます。すぐに「無理」「できない」とつぶやく否定的な心でカオスに触《ふ》れたなら、本当は、輝《かがや》くばかりのチャンスが眠る肥沃《ひよく》なカオスも、不毛《ふもう》な痩《や》せた土地にしか見えないでしょう。

カオスに触れる私たちの心によって、そこから生まれる現実は、美しい形にもなれば、異形《いぎょう》のものにもなるのです。

そして、カオスは、私たちが1度手を触れて形を与えてしまったら、もう元のカオスには決して戻《もど》りません。覆水盆《ふくすいぼん》に返らず。カオスの固定化は、不可逆的《ふかぎゃくてき》現象なのです。

だからこそ、私たちがどのようにカオスに形を与えるのか。どんな心で「カオス」に触れるのか――。それが、決定的に重要になってくるのです。

## みんなのためにやったのに――願いと現実をつなげられない心

浅村さんは、ではどのような心で、あの巨大な「カオス」に触《ふ》れようとしていたのでしょうか。

山積《さんせき》する問題群の中で、特に、浅村さんの気持ちに引っかかっていたものがあります。市民プールの問題です。プールの閉鎖《へいさ》は広く市民全体を巻《ま》き込《こ》む反対運動となって、浅村さんの心に重くのしかかりました。そのときの浅村さんの想い――

「みんなのため、小樽《おたる》のためにやっていることなのに、どうして……」

もし、この想いを浅村さんが強めていたら、どうなってしまったでしょう。それは、今回の事業の未来を握《にぎ》る1つの鍵《かぎ》となりました。

この想いは、実は浅村さんが人生の中で繰《く》り返してきた、乗り越えるべきテーマと言ってもよいものだったのです。

浅村さんは、小樽で青果商《せいかしょう》を営《いとな》む家に4人兄弟の末っ子として生まれました。

戦前戦中、樺太《からふと》で電気治療の診療所を、スマトラで造船所を経営していた父親は、地元と札幌に4店の青果店を開くやり手の経営者でした。何ごともいいと思ったらどんどん進めてゆく自信家で、「本気になれば、道は開く」と浅村さんによく語っていたと言います。

そんな父親を支《ささ》えていたのが母親でした。やさしく柔和《にゅうわ》で浅村さんを愛してくれた存在です。

経済的に何不自由ない家庭と、愛情深い両親の下《もと》で浅村さんは育ちました。中でも、祖母から溺愛《できあい》され、甘《あま》やかされて、幼《おさな》い頃はものごとの良し悪しの区別がつかず、随分《ずいぶん》わがままだったそうです。

幼稚園の頃のこと――。園長先生の机《つくえ》の上の花瓶《かびん》にチューリップが挿《さ》してあるのを見た浅村さんは、「何てきれいなんだろう！　みんなの机にもこんな花があったらいいのに」と思いました。

思い立ったが吉日《きちじつ》、何と浅村少年は、翌朝早く幼稚園に行って、花壇《かだん》に咲《さ》いていたチューリップのほとんどを手当たり次第に摘《つ》み、みんなの机の上に一輪《いちりん》ずつ置いて飾《かざ》っていったのです。

当然、騒《さわ》ぎとなり、先生は浅村さんを叱《しか》りつけました。

「いったい何てことをするんだ！　もう幼稚園には来なくていい！」

ところが、自分の気持ちをわかってもらえなかったと感じた浅村さんは、その先生に石をぶつけてしまうのです。

これには園長先生もカンカンに怒《おこ》り、「もう君は幼稚園に来なくていい！」。幼《おさな》い浅村さんは、退園《たいえん》させられてしまいました。

その後も同じような事件が起こります。

高校生になった浅村さんは、父親が果物や野菜をことあるごとに贈《おく》っていた、親のいない子どもたちの施設に、「自分もクリスマスプレゼントを贈りたい」と考えました。そして、その資金を集めるために、市民会館で大学生のバンドと一緒に「チャリティーコンサートをやろう」と思い立ったのです。

ところが、学校にその話が伝わると、「お金を取ってやるのは絶対にダメだ」と生活指導の先生からストップがかかります。

すると浅村さんは、それに嫌気《いやけ》がさして、何とその高校を辞《や》めて別の高校に転校してしまったのです。

「こうしてあげたら、みんな喜ぶに違いない」

一度そう思い立ったら、あとはさしたる具体的な計画もなく、また周囲への影響も見きわめずに行動を起こす。しかし、「いつかどうにかなる」という姿勢のために、やがては暗礁《あんしょう》に乗り上げ、「みんなのためと思ってやったのに」と投げ出し、あきらめてしまう。

浅村さんは、そのような行動を、人生を通じて繰《く》り返していたのです。

時を経《へ》て、この再々開発事業でも、同じ局面を迎《むか》えていたということではないでしょうか。

数え切れない障害や無理難題が噴出《ふんしゅつ》したばかりでなく、関わる人たちの不満や批判が渦巻《うずま》き、市民の反対の署名《しょめい》運動まで起こってしまった――。

「せっかくみんなのためにと思ったのに。だったらもういい！」

そう思ってあきらめ、投げ出してもおかしくない事態です。いいえ、かつての浅村さんなら、間違いなくそうしていたはずです。

これまで通りの未来をつくるのか、それとも未来を変えるのか――。

浅村さんは、まさにその岐路《きろ》に立たされていたのです。

## ぶれない中心をつくる――カオスを引き受ける心

ビル建て替《か》えの方針が大筋《おおすじ》合意を得た直後の2004年3月――。

私は、札幌で再び浅村さんと膝《ひざ》をつき合わせてお話しする機会を得ました。

この歩みのきっかけとなった2002年の対話（121頁）を振り返りながら、こうお尋《たず》ねしたのです。

「あの頃、『何で私だけがこんなに現場で苦労するのか』と理不尽《りふじん》に思っていませんでしたか?」

「ええ、そう思っていました」

浅村さんのビル管理会社は第三セクターで、社長さんも本業は別にあり、地域経済の重要な役職にも就《つ》いていました。その立場と人脈《じんみゃく》の広さは、やがて浅村さんを支《ささ》える大きな力となりました。

しかし、当時の浅村さんは、駅前第3ビルについて、自分だけが1人で矢面《やおもて》に立って、孤軍奮闘《こぐんふんとう》しているとしか感じられなかったのです。

「あのとき、私から見えたのは、浅村さんへの呼びかけ――。現場の責任者として背負《せお》わなければならないものがあり、本当に浅村さんが自分を超えてゆかなければならないときが来ていると思ったのです」

浅村さんは深く頷《うなず》かれました。その転換があったからこそ、今があると思われているようでした。

しかし私には、これから、今まで以上の苦難が浅村さんを待っているという強い予感があったのです。あまりの重圧に、今後、浅村さんは、「どうして自分だけが……」

と何度も問うことになるかもしれない。でも、何とかその想いを乗り越え、信ずる青写真を実現していただきたい――。そう念じて話を続けました。

「再々開発の話が動くかもしれないというところまできましたね。でも、甘《あま》く考えることはやめましょう。『よかった、明るい兆《きざ》しが見えた』ではなく、それが本当に現実になるまでには、大変な山があり、谷があります。そのときに、浅村さんの意識が『快苦《かいく》の振動《しんどう》』を起こしていたらどうでしょうか？」

「もちろん、超えられません」

「協力者も必要です。会社の課長さんや主任さん、上司にあたる社長さん。その方々を説得するのは浅村さんですよ。だって、現場の責任者なのですから。『今、こんな現状があります。それをここに持ってゆくためには、これが必要です。このための準備はこう考えました。ついては、社長にはこう動いていただきたいと思います』。そうやって道を開いてゆくこと――。それが、浅村さんがしなければならないことではないでしょうか」

具体的な計画や交渉に入ったら「山あり、谷あり」になる。そのとき、「どうして自分だけが……」ではなく、むしろ周囲の方々の動きまでも、自分が率先《そっせん》して考え、準備し、はたらきかけることの必要性をお話ししたのです。

なぜなら、この難事業をやり遂《と》げるには、関わる人たちの総力が本当に必要だからです。個性の違い、立場の違いがある人たち全員が自律的に、心を一つにして、オーケストラのように結びつき、一つの響《ひび》きを奏《かな》でてゆく――。そんな響働《きょうどう》という智慧《ちえ》が求められていると思ったのです。

浅村さんは深く受けとめてくれました。

「山あり、谷ありは当たり前」「周囲の方々の動きまでも、率先して考え、準備する」。その心構えは、ぶれることのない中心として、その後、数々の試練というカオスに直面する浅村さんを支《ささ》えてゆくことになったのです。

## 新ビルがグランドオープン！――その背景にあった3つの鍵《かぎ》

「もはや中止か」と危《あや》ぶまれた小樽《おたる》駅前第3ビル周辺地区市街地再々開発事業――。

果《は》たして、その結果は、2007年に旧第3ビルの解体に漕《こ》ぎ着け、2008年1月には新ビルの建設がスタート。そして、2009年4月1日には、新しい小樽駅前第3ビル「サンビルスクエア」のプレ・オープン、同年7月1日にはグランド・オー

再々開発前の小樽駅前第3ビル

再々開発後の小樽駅前第3ビル

プンを迎《むか》えることができたのです。

もちろんそこには、会社や地元の人々、市、国、建設会社、その他多くの関係者の計《はか》り知れない尽力《じんりょく》があったことは言うまでもありません。

しかし、一貫《いっかん》して実務の矢面《やおもて》に立ち続けていたのは、紛《まぎ》れもなく浅村さんその人でした。

では浅村さんは、あれほどの難《なん》事業にどのように道をつけていったのでしょうか。

全国でも初めてとなった「再々開発」事業は、各地から注目の的《まと》となり、浅村さんたちのもとには、全国から視察《しさつ》に訪《おとず》れる人々が絶《た》えませんでした。その方々から尋《たず》ねられたことがあります。

「どうしたら地権者の合意をスムーズに取れるのか、教えてほしい」

浅村さんはこう答えました。

「相手の方が反対するには反対する理由があります。だから、その気持ちをとことん聴かせていただく。そして、一緒に考えたらいかがでしょうか」

一見、当たり前の返事に、相手の方は拍子抜《ひょうしぬ》けした様子だったそうです。しかし、浅村さんとしては、そうとしか答えようがなかったのです。

なぜなら、この難事業に道をつけたのは、視察団の方が期待したような、画期的《かっきてき》なアイデアでも、奇跡《きせき》を起こす妙薬《みょうやく》でもなかったからです。

私たちは、巨大で複雑な問題を前にすると、どうしても、逆転サヨナラ満塁《まんるい》ホームランを夢見て、何か奇策《きさく》がないものかと浮《う》き足立ってしまいます。

かつての浅村さんもそうでした。

やり手の経営者だった父親の姿に自分を重ね合わせ、「こうしたらいいのではないか」とアイデアがひらめくと、それほど具体的な計画も持たずに、すぐに行動を起こしていた浅村さん。

そんな浅村さんが、次から次へと試練がやってくる難事業に取り組むなら、どう考えても起死回生《きしかいせい》のアイデアや大胆《だいたん》な行動に打って出たくなったはずです。

しかし、浅村さんは、そうはしなかった——。

浅村さんが心にかけたのは次の3項目でした。

①「願い・青写真」を描《えが》く
②試練の顔を見つめる
③「祈り心」によって事態に触《ふ》れる

この3項目を心に抱《いだ》いて、ひたすら関係者1人ひとりとの出会いに心を尽《つ》くしてゆきました。そして、その気持ちを受けとめ、一緒に考えることを積み重ねていったのです。私は、その浅村さんの変わらぬ姿勢こそ、最大の鍵《かぎ》だったと思います。

一見《いっけん》とても地味《じみ》に見えるその取り組みは、浅村さんにとって、まったく新しい生き方への挑戦そのものでした。

そしてそれが、巨大なカオスに触れる「魂の学」の指針であり、浅村さんの方法だったのです。

## 願い・青写真を描《えが》く——カオスに触《ふ》れる方法①

カオスに触れる方法の最初は、泰然《たいぜん》と向き合い、カオスを通じて果《は》たそうとする願いを描くことです。

実は、浅村さんは、ぎりぎりの状況の中で、ずっと胸のポケットに辞表《じひょう》をしのばせていました。

しかし、最後のところで辞表を出すのを踏《ふ》みとどまり、何人もの関係者が志半《こころざしなか》ばで現場を離脱《りだつ》してゆく中で、この仕事を続けることができたのは、なぜでしょうか。

それは、浅村さんが、どんなに困難に見えても、絶望的な状況でも、泰然と向き合い、「そこには可能性があり、試練を通じて実現されることを待っている青写真がある」と心底《しんそこ》信じていたからです。そして、「それを成就《じょうじゅ》することが自分の魂の願いを果《は》たすことにつながる」と思っていたからです。

浅村さんは、「魂の学」を学ぶ中で、人生を生きる上でもっとも重要なことは、自らの内にある「願い」を掘《ほ》り下げることだと実感していたのです。

たとえば、今回の再々開発の柱《はしら》の1つであった分譲《ぶんじょう》マンションに対して、浅村さんはこんな願いを抱《いだ》きました。

「マンションからは海が見えるようにしたい」

毎年、夏に海で打ち上げられる花火（おたる潮《うしお》まつり花火）を、住人となった皆さんに見せてあげたいと思ったのです。

しかし、普通なら、それが可能なのは、上層階の、しかも海側の部屋だけです。

そこで浅村さんは、マンションの住人なら誰《だれ》もが立ち寄れる共有スペースを上層階につくったらどうかと提案したのです。

上層階は一般に人気があり、価格も高く設定できる場所です。そこに販売対象ではない共有スペースをつくることは、業界の常識ではあり得ません。

それでも浅村さんは、マンション全体の付加価値《ふか》を高める選択肢《せんたくし》として検討してもらった結果、共有スペースが実現することになったのです。

今回の再々開発事業に取り組み続けた浅村さんの心にあったのは、何よりも故郷・小樽《おたる》とその土地に暮《く》らす人々への想いでした。

私自身をここまで育ててくれた街《まち》を大切にしたい。この街のお1人お1人が大切。その皆さんに歓《よろこ》んでもらいたい――。

それは、浅村さんが、そのためなら何を捨《す》てても惜《お》しくないと思える願いです。

実は、約30年前、現在の会社に入社した浅村さんが手がけた初めての仕事が、かつての駅前第3ビルの建設でした。そのときはまだ入社したばかりの新人。ただ上司が指示するままに動いただけでした。しかし、今回の再々開発がめぐってきたことに、浅村さんは深い因縁《いんねん》を感じたのです。

それだけではありません。かつての駅前第3ビルが建つとき、再開発事業の該当《がいとう》区域にあって立ち退《の》きに応《おう》じた一軒が、実は浅村さんの自宅だったのです。

今回の再々開発事業は、浅村さんにとって、自分が生まれ育ったまさにその場所を、次なる未来へと受け渡してゆく仕事であり、お世話になった人々を、未来に運ぶ仕事にほかなりませんでした。

小樽を愛し、地元の人々を歓ばせてあげたいと日頃から願ってきた浅村さんにとって、それは運命的な仕事となったのです。

## 試練の顔を見つめる——カオスに触《ふ》れる方法②

浅村さんが、次に取り組んだことは、試練として立ち現れたカオスの1つ1つに正面からきちんと向き合うことでした。

多くの試練が次から次に押し寄せてくるとき、人はそれを受けとめきれなくなってしまいます。たとえば、自分の仕事に対して、様々な助言や要請《ようせい》がくると、「もうこれ以上、言わないでくれ」「もう自分に要求しないでくれ」という気持ちになります。しかし、それでは降《ふ》りかかった試練の顔をきちんと見ることはできません。

浅村さんは、試練に向き合い、困惑《こんわく》を受けとめようとしました。何が障害となり、制約となっているのか。そしてそれがどのように関係者に負荷《ふか》を与《あた》え、時間とともにどのように変化してゆくことになるのか。自分たちが恐れていることも、考えたくないことも、見ようとしていない選択肢《せんたくし》も、見落としている可能性も、すべて含めて試練の顔をきちんと見つめること。遠回りに見えても、それが解決の道を見出《みいだ》す近道であることを信じていました。

たとえば、関係者全員の合意――。再々開発に関わる地権者からビルの所有者、テナント、住民など、様々な立場の人たちの合意を得ることは、皆さんを説得することではない。説得などできない。そうではなく、様々な利害やそれぞれの思惑《おもわく》と不安……その一切《いっさい》をどう受けとめるかということだ――。

そう考えていた浅村さんは、1人ひとりに対して、誠心誠意《せいしんせいい》、相手の痛みや苦しみを受けとめようと、徹底的に耳を傾《かたむ》ける態度で接《せっ》してゆきました。話して説得するのではなく、皆さんの気持ちを徹底的に聴くという姿勢によって、道をつけていったのです。

それは、言葉を換《か》えれば、「聞く・聴く・訊く」を徹底する実践でした。

「聞く」は、まず何となく意識を相手に向けて聞くということ。

「聴く」は、相手に重心を移《うつ》して、相手の言っていることを大切に受けとめようと深く耳を傾けること。

「訊く」は、さらにもっと深く聴く。相手の心の奥深くにある本当の気持ち、本心を尋《たず》ねながら聴くということ。

「聞く・聴く・訊く」は、自分を横に置いて、相手に比重《ひじゅう》を移し、相手の気持ちを受けとめることから始まります。

浅村さんが出会った人たちの中には、今までの鬱憤《うっぷん》を晴らすように、浅村さんを責《せ》め立てる人、口を閉《と》ざしてなかなか気持ちを伝えてくれない人、また自分が本当は何を感じているかがわからず、手探《てさぐ》りの人もいました。

「聞く・聴く・訊く」――。それは、簡単にできることではありません。短気になっても、優位な立場から関わろうとしても、説得術に溺《おぼ》れても、きっと途中で行き詰《づ》まってしまうでしょう。浅村さんは、相手を1人の人間として本当に大切に受けとめて、辛抱《しんぼう》強く耳を傾け、変わらぬ姿勢で関わり続けました。

「聞く・聴く・訊く」は、実は、真に霊的《れいてき》な歩み、人間存在の神秘《しんぴ》を掘り下げてゆく歩みです。同時に、人間の無意識を書き換《か》える力も持っています。

それはどういうことでしょうか。

人間の中には、それぞれの立場や事情によって、反発や憎《にく》しみ、怒《いか》りや恨《うら》み、自分でも気づかないようなとらわれやこだわりがあります。このときの関係者の中にも、それが渦巻《うずま》いていました。しかし、「聞く・聴く・訊く」を行うことによって、それらが徐々に溶《と》かされ、許《ゆる》しが生まれ、愛が生まれる――。まさに無意識の書き換えが起こるのです。そして、心の奥にある人間としての一体感、様々な対立する感情を突《つ》き抜《ぬ》けた共通項、地下茎《ちかけい》のようなつながりが現れてきます。

「聞く・聴く・訊く」は、その真実に至《いた》る実践原則にほかなりません。

だからこそ、その歩みの積み重ねのうちに、1歩1歩、地権者、周辺区域の1人ひとりと絆《きずな》を結び、痛みを分かち合い、願いを共有し、最終的に全員の合意が実現していったのです。そこに関わるすべての人々は1つ。私たちは1つであることの証明でした。

浅村さんが、関係者全員の合意の署名捺印《しょめいなついん》を得ることができた歩みを振り返って、私にこう言われたことがあります。

「説得などということはなかったです。説得なんてできる状態ではありませんでした。とにかく、お話を聞かせていただいて、一緒に考えてゆこうということしかありませんでした」

浅村さんが1人ひとりの気持ちに徹底的《てってい》に耳を傾《かたむ》けたことの本当の意味とは——。

この駅前第3ビルに関わる1人ひとりにもきっと願いがある。耳を傾けることによって、それぞれの願いが引き出され、それらの願いは、やがて導《みちび》かれるようにしてジグソーパズルのピースのように結びつき、1つの「最適解《さいてきかい》」が示される。つまり、1人ひとりの悩み・苦しみが解決されるだけではなく、ビル再々開発を成就《じょうじゅ》に導く最善の道が現れる——。

浅村さんは、自分ではそこまで意識していなかったかもしれません。

しかし、私にはわかります。それは私自身の強い実感でもあるからです。

これまで30数年の歩みの中で、私は幾多《いくた》のギリギリの選択、一か八《ばち》かの選択を経験してきました。人生の岐路《きろ》に立つ方々、病を得て生と死に向き合う方々、多くの社員の人生を抱《かか》えて会社の危機に直面する経営者の方々に、何度となく同伴《どうはん》してきました。薄氷《はくひょう》を踏《ふ》む想いで、一緒に道を尋《たず》ねたことがいったいどれほどあったでしょう。

暗転《あんてん》の循環《じゅんかん》が続く混乱や閉塞《へいそく》した事態の中で、それでも守りたい本当の願いを見出《みいだ》す。どんなに厳《きび》しい事態の中でも、いつもその事態を支《ささ》え導く声がある。それに応《こた》えるならば、いかなるカオスの事態でも、それに関わる1つ1つの選択がつながり、最善の形を生み出してゆく――。宇宙にはそんな1つの道があると、私ははっきりと言うことができます。

私は、浅村さんとお会いするたびに、その背後に、そういう道、そういう未来をずっと見ていたのです。

## 祈り心によって事態に触《ふ》れる――カオスに触《ふ》れる方法③

カオスに触れる方法の最後は、「祈り心」によって触れるということです。浅村さんは、カオスに向き合う自分の心を祈りによって整《ととの》えました。

カオスは、それに触れる心によって、大きく姿を変えてしまいます。だからこそ、どんな心でカオスに触れようとしているか、それを点検する必要があるのです。

浅村さんは、交渉における基本姿勢として、「不満と怒りに対する戒《いまし》め」を心に刻《きざ》み、毅然《きぜん》とした態度で臨《のぞ》みました。

暗転《あんてん》の事態の渦《うず》に巻《ま》き込《こ》まれている相手の方は、不満や疑心暗鬼《ぎしんあんき》を抱《かか》えています。そうした負《ふ》の渦に巻き込まれるなら、立ちどころに自分も不満や怒りに支配されてしまいます。そうなったら、交渉は一巻の終わりです。

浅村さんは、出会う前に、必ず拙著《せっちょ》『新・祈りのみち』（三宝出版）を開いて、自らの心を整えてから向かったのです。

障害に出会うとすぐに切れて投げ出してしまっていた浅村さんが、「不満を募《つの》らせるとき」の祈りに向かい、「この事態を解決したいのか？　それとも、自分の感情を爆発させたいのか」と何度も自分の心に言い聞かせた上で、地権者のところに出かけたのです。

また、市民プール閉鎖《へいさ》の反対運動や暴力団関係者対応の矢面《やおもて》に立たされ、「どうして、自分ばかりがこんな目に遭《あ》わなければならないのか」という想いになったときは、「他人《ひと》を責《せ》めたくなるとき」の祈りに向き合いました。

「誰《だれ》かに原因のすべてを押しつける前に、あなたには、まだできることがあります。……圧迫や不安を引き受けながら事態の本当の問題を見定《みさだ》め、その改善に心を尽《つ》くすことのできるあなたであることを信じてください」

『新・祈りのみち』のこの一節は、浅村さんが常に立ち戻《もど》る行動原則となりました。

浅村さんは、部下はもちろん社長や市長に対しても、通常はそれぞれが考え、準備されると思われることまで、それぞれの方にどのタイミングでどこに赴《おもむ》いていただけばよいのかを自ら考え、準備し、お膳立《ぜんだ》てするようにしたのです。

新しいホテルの誘致《ゆうち》や1億円の追加予算、さらに市民プールの代替《だいたい》施設の予算などに目処《めど》がついたのは、その賜《たまもの》でした。

また、暴力団関係者との交渉でも、浅村さん自ら弁護士、警備会社、警察、裁判所などと連絡を取りながら、場面ごとのベストミックスを検討しました。交渉の場では、「空約束《からやくそく》は絶対にしない」「どんなに脅《おど》されても、できないことはできませんと答える」という心得《こころえ》を貫《つらぬ》きます。その結果、ホテルの所有権を取り戻《もど》すことも叶《かな》いました。

自分をはみ出し、自分以外の方々の準備まで率先《そっせん》して引き受けてゆく浅村さん。その姿を見ていた行政の担当者の方は、後にこう語っています。

「浅村さんこそ隠《かく》れたリーダーでした。マネジメントの力を発揮《はっき》して、粘《ねば》り強く、誠意《せいい》を尽《つ》くされたことが、大きな成果につながったことは間違いありません」

## 未来創造──願いと現実をつなぐ

残された懸案《けんあん》であったホテル棟《とう》の売却先についても、施工主《せこうぬし》にあたる建設会社が、

装い新たになった小樽駅前第3ビルの前に立つ浅村さん。再々開発後、街の方々から寄せられる歓びの声——「本当に街が明るくなりました。安心して暮らせるようになり、うれしいです」「海も見える。山も見える。毎日が楽しいです」。それを聞く浅村さんは「皆さん歓んでくださって本当にうれしい。有難い」と心底思う。小樽で生まれ育った浅村さんは、この街を愛し、そこで暮らす1人ひとりを心から大切にしたいと想っている。気の遠くなるような再々開発事業を支えたのも、その願いにほかならなかった。

社団法人全国市街地再開発協会と共同出資して、特定目的会社を設立し、そこに売却し、その会社が、ホテル運営会社に業務委任《いにん》するという形で決着してゆきました。

そして、2億4千万円もの滞納金《たいのうきん》も、再開発事業に関する様々なスキームを用い て、新しいホテル所有者に実質的な負担《ふたん》をかけることなく、全額を支払《しはら》っていただくようにすることができたのです。それは、浅村さんの会社にとって死活《しかつ》問題だっただけに決定的なことでした。

こうして、浅村さんは、内なる願いと外なる現実を隔《へだ》てる壁《かべ》を1つ1つ取り除《のぞ》いて、その2つを結びつけ、ついに不可能とも思えたミッションを果《は》たしました。

成果はそれだけにとどまりません。

先にも触《ふ》れたように、多くの難題を抱《かか》えた駅前再々開発に辛抱《しんぼう》強く取り組み、成功した稀有《けう》な例として、小樽《おたる》市には全国から視察《しさつ》の人々が訪《おとず》れます。それは全国的なモデルの1つとなっているのです。

小樽駅前第3ビル周辺地区市街地再々開発事業を成し遂《と》げた浅村さんは、今、その管理会社の代表取締役専務として活躍されています。

再々開発事業が完成した後、小樽の皆さんから寄せられる歓《よろこ》びの声――

「本当に街《まち》が明るくなりました。安心して暮《く》らせるようになり、うれしいです」「海も見える。山も見える。毎日が楽しいです」……

その声を聴くとき、浅村さんは何にも代《か》えがたい歓びを感じます。

「この街を大切にしたい。この街の人々に歓びを与《あた》えたい」――。それは、繰《く》り返しますが、浅村さんが何よりも果《は》たしたかった願いだったのです。

## 未来創造の分水嶺《ぶんすいれい》に立つ――バッと見るか、カオスと見るか

この世界に生きる以上、「試練は必ずやってくる」ものです。

問題なく推移《すいい》していた現実も、順調に見えた業績も、親密《しんみつ》だった人間関係も、堅固《けんご》に思えた体制も、時の流れという変化過程の中で変質し、劣化《れっか》し、大きく暗転《あんてん》してしまうことがある――。

どんなに避《さ》けようと手を尽《つ》くしても、万全《ばんぜん》の準備を整《とと》えたつもりでも、それでもどこかで問題は生じ、思わぬときに波乱《はらん》が起き、困難が立ち現れる。それは、あなたの家庭でも、職場でも、地域でも変わりがありません。

つまり、「試練は必ずやってくる」ことを大前提に、私たちは人生を生きなければ

ならないということです。

快感原則に支配された快苦《かいく》の振動《しんどう》で生きているとき、私たちは自動的にものごとをマルかバツかの二択《にたく》で受けとめます。

当然、試練は望ましくない現実であり、できれば向き合わずにすませたいもの。つまり、試練とは、「バツ」以外の何ものでもない現実でしょう。

しかし、カオスというまなざしを持ったとき、たとえ困難きわまりない状況でも、決定的な失敗をしてしまったと落ち込んでいても、その事態は、まだ実現されることを待っている可能性が秘《ひ》められたカオスだとわかってきます。

逆に、ものごとがうまくいった、決定的に成功した、大団円《だいだんえん》を迎《むか》えたはずの状態でも、その事態は、いつ姿を現すかもしれない制約を抱《かか》えたカオスに見えてきます。

心してください。

試練を前にしたとき、私たちは、その試練をバツと見るか、カオスと見るか。その選択を迫《せま》られているのです。

バツと見れば、そこでゲームセット。

カオスと見れば、そこから物語のスタートです。

つまり、そのとき、私たちは分水嶺に立たされているのです。

新しい未来を創造しようとするのか、これまでと同じように、未来を塗《ぬ》りつぶしてしまうのか――。

それは、言い換《か》えれば、試練を前に、私たちは、「結果ストリーム」から「原因ストリーム」へのジャンプを促《うなが》されているということです。

「君よ、飛べ」――。

世界は、試練というカオスに託《たく》して、私たちの飛翔《ひしょう》を待っているのです。

もし私たちが、結果ストリームの中を生きていたらどうでしょう。

そこでは、あらゆる試練がすでに「バッ」という形になって結晶化《けっしょうか》してしまっています。

もし浅村さんが結果ストリームの宇宙に生きていたら……想像してみてください。

しかし、浅村さんは、そこから原因ストリームへとジャンプしたのです。結果ストリーム宇宙の中では、バッとしか見えなかったそれら1つ1つの現実が、原因ストリーム宇宙にジャンプしたとたん、次々とカオスとしての姿を現し始めたということなのです。

## あなたを目がけてやってきたカオス

そして、未来創造の分水嶺《ぶんすいれい》に立たされたとき、皆さんに心に念じていただきたいことがあります。

それは、どんな試練でも、私たちの前にやってきたら、それは偶然ではなく、必然だということ――。

そもそも試練とは、その多くが「これまでの生き方ではＮｏ《ノー》！」というメッセージではないでしょうか。同じやり方、延長線上の生き方では乗り越えることができない。つまり、これまでとは違う新たな生き方、新たな可能性を引き寄せることを私たちに呼びかけているのです。

そしてそれ以上に、あなたの目の前にその試練というカオスが現れたということは、その試練はあなたによって引き受けられることを待っていたということです。

そうです。つまり、カオスは、誰《だれ》かによって、その可能性・青写真を取り出される

その日を待っているのです。

カオスは、自分を形にしてくれるその誰かを探《さが》しています。

あなたの前に現れたカオスは、その誰かとして、あなたを選んだということではな

いでしょうか。

カオスは、ただ漠然《ばくぜん》とそこにあるのではありません。そのカオスは、あなたを目がけて、あなたのところに突進《とっしん》してきたということなのです。

## カオス発想術はあなたの世界観を変える

「カオス発想術」を体得することは、単に新たな発想法を1つ身につけるというようなものではありません。

それは、本書で紹介するすべての方々がそうであるように、世界観が一変《いっぺん》するほどの変化をあなたにもたらします。たとえるなら、天動説が地動説に塗《ぬ》り替《か》えられるにも等しい革命なのです。

なぜなら、あなたの周《まわ》りにあるものすべて、訪《おとず》れる出来事すべてが、以前とはまるで違った様相《ようそう》としてあなたに迫ってくるからです。

失敗か成功か、もう結果が出てしまったこと。評価や価値が定まってしまったとしか思えないこと。しかし、それらすべては、実はまだわからないカオス。

どんな現実、事態にも隠《かく》れた可能性と制約があり、表面的な印象とはまったく異《こと》なる本質があって、さらには未来からの呼びかけが湛《たた》えられている——。

「カオス発想術」が少しずつ自分のものになってゆくとき、あなたは、世界はこれほどまでに生き生きとして、エネルギーに満ち、豊かな表情を湛えたものであったのかと、その姿に驚《おどろ》き、その魅力に心奪《こころうば》われることになるはずです。

そして、そのカオス発想術は、どんな人でも身につけることができるものです。年齢も性別も、学歴も知識も関係ありません。なぜなら、すべての人の魂の中に、その智慧《ちえ》は潜在的《せんざいてき》に眠っているからです。それを取り出すのは、あなた自身なのです。

## 時間からの挑戦状——絶《た》えざる再カオス化の歩みを

本章の最後に、もう1つ大切なことをお話ししたいと思います。

カオスから光転因子《こうてんいんし》が取り出され、それが結晶化《けっしょうか》して1つの現実が世界に現れるには、しかるべき時間が必要だということです。

カオスの規模が大きければ大きいほど、その時間も長くなります。

1度カオスに触《ふ》れて形を与えただけでは、青写真を実現することができないこともあります。

そんなときは何度でも、私たちは、その「形」、その「結果」を新たなカオスとして受けとめることが必要です。

それはどういうことでしょうか。

たとえば、試験や仕事で失敗しても、その失敗は決定的ではなく、改めてチャレンジすることも可能です。さらに水準を上げて挑戦することもできます。悪い結果でも良い結果でも、それを受けとめて、さらなる一歩を踏《ふ》み出す新たなステージに私たちは立っている——。それが、改めてカオスとして捉《とら》えるということです。

1度「結果」が出て、固《かた》まってしまった事態でも、自覚《じかく》して向かい合うならば、それはまた流動化して新たなカオスになる。いわば、事態は「再カオス化」するのです。

最善の道は、何度も再カオス化を繰《く》り返す中で、探《さが》し出すことができるものです。いいえ、そうやって探し出さなければならないものなのです。

1度の失敗で投げてしまったり、逆に、1回の成功で有頂天《うちょうてん》になってしまったら、それは到底叶《とうていかな》いません。

講演会終了後のロビーで、浅村さんと語り合う著者。小樽駅前再々開発事業を成し遂げた浅村さんに、著者は、浅村さんが果たすべき次なる「人生の仕事」があることを伝える。著者の示唆を受けた浅村さんの心に新たなアイデアが湧く。すると、それに対して著者はさらなるヴィジョンを示してゆく。こうして、密度の濃い出会いの中で、その方の未来の方向性が確かになり、具体的なアクションにつながってゆくことが少なくない。

「魂の学」が大切にしている人生法則の1つに、「10年法則」があります。ピアニストやヴァイオリニストなど、一流の演奏家がそうであるように、何ごとにおいても、本物になろうとしたら10年の努力が必要であるという法則です。

あなたは、10年という時間に屈《くっ》しないか――。

それは言わば、時間からの挑戦状です。

浅村さんが取り組んだ再々開発事業は、もともとのホテルの滞納《たいのう》が始まった当初から10年以上の歳月を要《よう》する大きな仕事となりました。

難攻不落《なんこうふらく》に思えた試練の塊《かたまり》に対して、浅村さんは、カオス発想術によってそれを「バツ」の現実として受けとめるのではなく、巨大なカオスとして受けとめました。

そして、10年以上にわたって、「原因ストリーム」にとどまり、願う現実のために、自ら「原因」をつくり続けたのです。その歳月を通じて、カオスは結晶化《けっしょうか》、流動化を繰り返しながら、ついに最終的な形を結ぶことになったのです。

# 4章

# 時空を超えてやってくる魂のミッション

## 未来を変えた人

未来は変えられる──。

本書は、そのことをテーマとして、章を連《つら》ねてきました。

ここでもう一度、プロローグの18頁の図1を見返していただきたいのです。

私たちは、「今、このとき」に、未来の種《たね》になる新たな原因をつくることによって、未来を変えることができる──。

ある意味で、きわめて端的《たんてき》で、一見、当たり前のようにさえ思える新たな未来のつくり方です。しかし、プロローグで触《ふ》れたように、それをいざ実行しようとするとき、そこには様々な困難が立ちはだかります。

最終章でご紹介する許斐博史《このみひろし》さん（医師、重症心身障害児《じゅうしょうしんしんしょうがいじ》施設長）は、まさにその困難を乗り越え、「未来は変えられる」という生き方の本質を見事に射抜《いぬ》いた人生を歩んでいる方です。

## 子どもたちの発達障がいと向き合う

近年、子どもたちが遭遇《そうぐう》する試練や問題の中で、社会的関心を集めるようになってきたものの1つに、発達障がいがあります。私自身、多くの教育関係の皆さん、また子を持つ親御《おやご》さんたちと触《ふ》れ合う中で、そのことを痛感しています。障がいを抱《かか》えた子どもたちをどう受けとめ、どう関わったらいいのかわからないという声は、日増しに強くなっています。

平成24年の文部科学省の調査では、全国の公立小中学校の通常学級の児童生徒の中で、コミュニケーションがうまく取れないなどの発達障がいの可能性のある小中学生は6・5％に上《のぼ》り、合計では約60万人、40人学級で1クラスにつき2、3人の割合になると推測《すいそく》されています。しかも、そのうちの4割弱が特別な支援《しえん》を受けていないとも考えられています。

しかし、現場で教える教師の実感はそれ以上です。障がいを抱える子どもたちやそれに近い状態の子どもたちは、もっと数多く存在しているというのです。それだけ問題は切実《せつじつ》になっているということでしょう。

## 人間を「魂」と受けとめる医療

許斐《このみ》さんのところにやってくる患者さんも、その多くが自閉症《じへいしょう》やＡＤＨＤ（注意欠《けつ》如《じょ》・多動症《たどうしょう》)、アスペルガー症候群など、発達障がいを抱《かか》えた子どもたちです。

こうした子どもたちに、許斐さんはどのように向き合ってきたのでしょうか。

これまで20年余りの医療実践を通じて、許斐さんが痛感《つうかん》していることがあります。

それは、医療者自身がどのような人間観、世界観を持って患者さんと向き合うかが決定的な意味を持っている、ということです。

最近、許斐さんは、自らが代表をつとめている研究会の機関誌『トータルライフ医療』の巻頭言《かんとうげん》に、こう記《しる》しています。

「私たちの周りに広がる現実。それと向かい合う心。しかし、その心の奥底、私たちの存在の根源《こんげん》には、『魂』の存在がある」

これは、「魂の学」における最も基本的な人間観であると言ってよいものです。

医療者も患者も同じ人間であり、同じ魂。そこに優劣《ゆうれつ》も軽重《けいちょう》もなく、それぞれが等しくかけがえのない存在——。

これが、許斐さんの医療実践の土台にある考え方です。

その前提で、許斐さんは、「魂の学」によって導かれる2つの実践原則を取り上げています。

**実践原則1「人間の本体は魂であり、障がいは肉体的条件」**

発達障がいの患者は、現実と向き合っている心の表層《ひょうそう》レベルに障がいを持っている。たとえば、多くの発達障がいの原因とされる脳機能の障がいはこのレベルにあると受けとめます。

しかし、その心の深奥《しんおう》には、その患者さんの「魂」が存在している。そこには、障がいという条件を抱える以前のその方の本体が宿っている。それは、許斐さんの揺《ゆ》るぎない確信であるとともに、すべての根幹《こんかん》となる重要な実践原則です。

**実践原則2「心と現実は不可分《ふかぶん》で表裏一体《ひょうりいったい》」**

もう1つ重要なことは、患者と向き合う医療者の心と、患者さんの障がいの改善は、切り離すことができない。不可分であるという見方です。

患者さんの治療の限界は、すなわち医療者の心の成長の限界を示《しめ》し、また患者さんの病状の好転《こうてん》は、医療者の心の深化と表裏一体――。そこには、長きにわたって「魂の学」の実践を連《つら》ねる中で許斐医師が獲得《かくとく》することになった、強い信念が現れています。

この2つの実践原則に基《もと》づいて、許斐さんは日々、多くの患者さん、子どもたちの診断治療にあたっているのです。

## 反抗挑戦性障害の少女

1つの事例を紹介しましょう。

著《いちじる》しく反抗的な症状（反抗挑戦性障害）を抱《かか》えた11歳のA子さん。彼女は、昼夜逆《ちゅうやぎゃく》転《てん》の生活が続いて、衝動《しょうどう》的、攻撃的な行動が絶《た》えず、ご両親は困り果《は》てていました。

許斐《このみ》さんの施設に来られたときも、最初から大変でした。病院に行くと言うと、A子さんはものすごく感情的になり、到着《とうちゃく》しても車から出ず、内側からドアをロックしてクラクションを30分も鳴らし続けるという状況でした。

どんなに経験豊かな医師でも、こういう患者さんに対面すれば、いろいろな気持ちが生じるものです。「厄介《やっかい》だな……」という想いが出てきても不思議はありません。しかし、その気持ちをきちんと認識し、すぐに立て直すことが肝要《かんよう》です。自分の心の状態が現実に如実《にょじつ》に現れるからです。

許斐さんも、瞬間的にそうした自分の心の動きを察知《さっち》し、とどまりました。この気持ちではいけない。この心で患者さんに関わっても、決してよい結果（現実）は生まれない。そして、「この子の苦しみ、痛みをどこまでも受けとめてゆこう」と心を立て直したのです。

それは、まさに、実践原則2「心と現実は不可分《ふかぶん》で表裏《ひょうり》一体《いったい》」の実践です。

## 変わってゆく親子関係

A子さんの母親は、娘の状況にどう対応すればよいか見当もつかず、アップセットしていました。激しいストレスで、髪《かみ》の毛も全部抜《ぬ》けてしまったほどです。

許斐《このみ》さんは、母親に対してこう助言しました。

「A子さんは、コミュニケーションの仕方に障がいがあります。ですから、お母さんが言っていることが理解できなかったり、自分の気持ちをどう表していいか、お母さんに対する応《こた》え方がわからなかったりします。けれども、それは、心の表層《ひょうそう》に生まれている障がいなのです。どんなに理不尽《りふじん》で、無秩序《むちつじょ》に見える行動をしていても、その奥には、A子さんの本体である魂がちゃんと控《ひか》えているのです。そのことをしっかりわかってください。この子の魂は、人一倍、一生懸命《いっしょうけんめい》お母さんの言うことを聞きたい。お母さんの言う通りにしたい。そう思っているのです」

これは、実践原則1「人間の本体は魂であり、障がいは肉体的条件」に基《もと》づいた言葉です。許斐さんは、まず、外側に現れている問題とその子の内側深くにある本体――魂は別であることを伝えたのです。

母親はこれまで、A子さんの外側に現れる問題を見て、一方的に拒絶《きょぜつ》し、怒《おこ》っていました。すると、A子さんは、なぜ自分がそうされたのかもわからず、お母さんから全否定されたような気持ちになってしまっていました。

許斐さんは、こう説明しました。

「この行き違いによって、どんどんA子さんの中に不満や怒りがたまってしまった結果、今の状況が生まれているのです……」

なぜこういうことが起こっているのか。その原因をしっかり理解してもらったのです。それだけで母親は随分《ずいぶん》安心しました。

そして、許斐さんは、A子さんにこう伝えました。

「お母さんもね、本当は、あなたのことがものすごく好きなんだよ」

なかなか通じなかった母親の気持ちを代弁《だいべん》されたのです。そのとき、温かいものがA子さんの中に流れ込《こ》んでゆきました。

お互いを大切に想い合っているにもかかわらず、障がいがあることによって行き違いが生じてしまう。何と哀《かな》しいことでしょう。しかし、そのことを思いやり、見抜《ぬ》く人がいれば、そのすれ違いを埋《う》めてゆくことができます。

こうした対話と関わりの中で、「初めて自分のことを理解してもらえた」と感じる子どもが少なくありません。

A子さんの場合も、大きく状況が変わってゆきました。

2回目の診察では、母親に笑顔が戻《もど》っていました。それまでは、自宅で寝泊《ねと》まりさえできない状態だったのに、「A子が布団《ふとん》の中に潜《もぐ》り込んでくるようになりました」と笑《え》みを浮《う》かべて話されたのです。

3回目では、A子さんは、許斐さんとハイタッチするまでになりました。お母さんとの信頼関係も取り戻《もど》し、5、6回の治療を経《へ》てA子さんはとても元気になっていったのです。

## 発達障がいの小学校5年生の少女

また、小学校5年生、B子さんのケース——。

両親が離婚したことから、3人兄弟の兄と弟は母親が引き取り、B子さんは1人、父親の下《もと》で育てられることになりました。

しかし、B子さんは「お母さんに会いたい」と、ひどく泣き続ける状態。やがて精神的に不安定になり、学校でも突然不安になって机《つくえ》の下に隠《かく》れたり、大声で奇声《きせい》を発《はっ》したりする。また、家から包丁《ほうちょう》を持ち出して騒《さわ》ぐようになりました。

いろいろな病院に連《つ》れて行っても、どうにも手に負《お》えない。

そんなとき、教育センターの所長から許斐《このみ》さんに「ぜひ診《み》ていただきたい」との電話が入り、治療が始まったのです。

この電話を受け取ったとき、許斐さんは、自分の仕事が有力者から認《みと》められていると感じました。そして一瞬、「俺《おれ》に任《まか》せておけ。俺なら何とかできる」、そういう想いがわき上がりました。

一見何の変哲《へんてつ》もない、単純な自信ともとれる気持ち――。普通なら立ち止まることもなく、そのまま流してしまうでしょう。しかし、許斐さんは、その自分の想いに強い違和感を覚《おぼ》えたのです。なぜなら、その気持ちの中に、この患者さんとの出会いを、自分の有用性を証《あか》すための材料として考えている自分を感じたからです。

許斐さんは、こうした自分自身の中にあるちょっとした違和感に対しても、戒《いまし》めを怠《おこた》ることがありませんでした。

一点の曇《くも》りもなく本当に純粋な気持ちの中にこそ、患者さんを健康に導《みちび》く力の源泉《げんせん》が宿《やど》る。許斐さんは、そのことを信じて疑《うたが》いません。実践原則2「心と現実は不可分《ふかぶん》で表裏一体《ひょうりいったい》」は、そういう1つ1つの行いを生み出すものなのです。

## 魂の存在として受けとめ、生活環境を整《ととの》えた

そして、許斐《このみ》さんは、B子さんの場合も、実践原則1「人間の本体は魂であり、障がいは肉体的条件」に従って受けとめてゆきました。

彼女の心の表層《ひょうそう》の所作《しょさ》に惑《まど》わされることなく、心の奥底にある魂に直接はたらきかけるように、対話を重ねていったのです。

「あなたがどれほど頑張《がんば》ってきたか、よくわかるよ」

「いろいろなトラブルがあるということは、あなたがダメな子なのではなくて、ものすごく頑張った結果、うまくいかなかったということだよね」

「頑張って、頑張って、頑張り切れなくなって今があるんだね……」

Ｂ子さんの話を受けとめながら、そう語りかけてゆきました。

それは、これまでのことを単純に肯定《こうてい》したということではありません。許斐さんは、Ｂ子さんの心のさらに奥――魂で起こっていたこと、葛藤《かっとう》していたこと、その声なき声を受けとめていたのです。

障がいを抱《かか》えた子どもたちの場合は、目に見える行動の激しさゆえに、その奥に響《ひび》いている声を受けとめることは容易ではありません。

Ｂ子さんがそうであったように、多くの場合、誰《だれ》にも聞いてもらえないのです。「許斐先生と出会って、初めて聞いてもらえた」。そう言う子どもたちがたくさんいます。いいえ、自分自身でさえ、自分の声を聞いたことがなかった。そこで初めて自分の声を知った子どもたちです。

許斐さんは、Ｂ子さんのケースでは、とりわけ生活環境を整えるということに心を砕《くだ》きました。家で父親だけでは面倒《めんどう》を見きれないだろうと考え、近くに住む祖父母の家で生活することを勧《すす》め、生活に安定をもたらしました。そして、市の教育センターにも協力を求め、勉強の補助を依頼。さらには臨床心理士《りんしょうしんりし》にも関わっていただくことにしました。

そうした関わりの中で、B子さんは、見違《みちが》えるように元気になっていったのです。

## 広がる信頼の絆《きずな》

人間を魂として受けとめる医療実践――。

許斐《このみ》さんは、その姿勢を通じて、困難な治療に大きな成果を上げています。そのような許斐さんの足跡《そくせき》は、圧倒的な説得力をもって受け入れられているのです。

許斐さんが院長をされている施設は、県の中核《ちゅうかく》発達支援センターとしての認定を受け、今や国内でも3指《し》に入る実績を持つ施設へと発展しています。さらに、昨年の7月からは、リハビリテーション棟《とう》の増設によって、より多くの子どもたちを引き受けることのできる施設となりました。

常勤スタッフは約150名、1日の受診者数は約140名。年間の受診者数は延べ約3万6千名。許斐さん1人で、週70~80名の患者さんを診察しています。

ネットワークを結んで協力関係にある各種施設は数十に及《およ》んでいます。

また、許斐さんは、他の療育施設でのはたらき、特別支援学校での取り組み、さらに行政機関でのはたらきなど、その使命の輪を広げています。

とりわけ今、県全体の発達障がい者の支援を推進《すいしん》する一大プロジェクトの中核《ちゅうかく》メンバーの1人として関わっているのです。これは、行政・医療・教育・福祉が一体となって、新たな発達障がい支援推進センターを医療センター内に設置するもので、全国でも初の試《こころ》みとして各方面から注目されています。

## 魂の疼《うず》きに立ち止まる――これは自分の仕事ではない

このように、大きな成果を上げている許斐《このみ》さんですが、そこに至《いた》る道は決して平坦《へいたん》ではなく、順風満帆《じゅんぷうまんぱん》でもありませんでした。むしろ、大きな曲折《きょくせつ》から始まった試練に満ちた歩みだったのです。

許斐さんは、大学卒業後、いくつかの大学病院で研鑽《けんさん》した後、東京医科歯科大学で博士号を取得。アメリカのラトガーズ医科大学、ハーヴァード医科大学に2年ほど、脳神経科学の研究者として留学しました。

とりわけハーヴァード医科大学は、生化学、遺伝子等の分野で世界のトップクラスの研究者が集まっている大学です。ノーベル医学賞受賞者の講義も受講し、一流の研究者の中でたくさんの論文も書きました。

その後、帰国した許斐さんは、前途洋々《ぜんとようよう》の若手研究者として、国立精神・神経センターの1つの研究室の室長に抜擢《ばってき》されます。「末《すえ》は大学教授か、研究部の部長か」と言われ、まさにエリートコースを歩んでいたのです。

医学研究の世界で、許斐さんの未来は希望に輝《かがや》いていました。

ところが、やがてその道は輝きを失ってゆくのです。

日々、研究に没頭《ぼっとう》しても、どんなに熱と力を注いで頑張《がんば》っても、心が満たされない。納得できない。

「何か違う。何か違う。自分がすべきことはほかにあるのではないか。いったい自分は、何がしたいのだろう……」

## 理想《ロマン》に魂が感電した

どうしても否定できない違和感。疼《うず》くような心の痛み。

暗夜《あんや》をさまよう旅人のように、許斐《このみ》さんの心は、一すじの光を求めていました。そして、さらに深く、自らの心を掘り下げていったとき、こんな想いが心の奥底から湧《わ》いてきたのです。

「本当は、患者さんに応えたいのではないだろうか。臨床医として、もっとも痛みの深い重症の患者さんに具体的に応えたい」

そして1991年、41歳のとき——。許斐さんは、研究者として嘱望《しょくぼう》された未来を手放《てばな》し、昔から知っていた近隣《きんりん》の病院に自ら転出《てんしゅつ》することを願い出ます。

誰《だれ》もが驚きました。研究センターの上司、同僚、友人たちは皆、「もったいない」と口をそろえて何度も引き留《と》めました。

当然のことです。周囲から見れば、許斐さんには確かで安定した未来が約束されていたわけですから。

それでも、許斐さんの決心は揺《ゆ》らぎませんでした。それが魂というものです。その内側から湧《わ》いてくる未来のヴィジョン、願い——理想《ロマン》とでも呼ぶべきもの。その理想《ロマン》に許斐さんは感電したのです。

許斐さんは、まさに魂の必然を抱《いだ》いて、現在に連《つら》なる臨床の道に入っていったということなのです。その後の人生のすべては、まさにこの魂の感電、この1つの選択《せんたく》から始まった歩みでした。

## 臨床医としての再出発——理想《ロマン》と現実をつなぐために

しかし、内側にどれだけの必然があっても、道がすんなり開かれてゆくということはまずありません。この世界は、私たちの自由にはならない現実に満ちており、多くの試練が生じざるを得ないしくみになっているからです。

許斐《このみ》さんが魂の疼《うず》きに応《こた》えて選んだ道も、幾度《いくど》となく試練によって砕《くだ》かれることになるのです。

そもそも、臨床医に転身《てんしん》してからの数年間、許斐さんは、まったくと言ってよいほど医療的な成果を上げることができずに苦しみました。

どうしても神経の病を治《なお》すことができない。最先端の知識と技術を駆使《くし》してもダメ。なぜ治らないのか。当時の許斐さんからすると、「手も足も出ない」という感じでした。

その中で、許斐さんは「魂の学」を懸命《けんめい》に学び始めました。その頃のことを私ははっきりと憶《おぼ》えています。

願いはあれども答えは見つからない。呻吟《しんぎん》する許斐さんに、私はこうお伝えさせていただきました。

「人生にはたくさんの選択肢《し》が待っています。どの扉《とびら》をどう開くか。それは許斐さん次第。本当の目的地にたどり着くために、ここでその智慧《ちえ》を学び、そして実践していただきたい」

そうして始まった魂のミッションワーク――。それと軌《き》を一《いつ》にするかのように、少しずつ進むべき道が見え始めてきたように感じていました。ところが、ようやく道を開くことができると思われた矢先――再び大きな試練に襲《おそ》われるのです。

## 思いがけない大試練

事件は2000年に起こりました。

臨床医になった許斐《このみ》さんは、やがてその実績が少しずつ評価され、1997年、現在奉職《ほうしょく》されている施設の設立に力を注《そそ》いでほしいとの要請《ようせい》を受けます。その後3年、許斐さんは設立の準備に全力を尽《つ》くし、努力の甲斐《かい》あって、いよいよ施設としての形が整《ととの》ってきた段階を迎《むか》えていました。許斐さんとしても「初期計画はすべて完了」。そんな感覚でした。

ところが、そのとき突然、6名もの看護《かんご》スタッフが同時退職してしまったのです。

寝耳《ねみみ》に水でした。特に困ったのは、重症児病棟《じゅうしょうじびょうとう》の看護師17名中5名が辞《や》めてしまったこと。このままでは病棟の閉鎖《へいさ》もやむを得ない事態です。

許斐さんは、この事件をどのように受けとめたのでしょう。

「どうしてこんなことになるんだ！」

「辞めてゆく看護師や主任が悪い！」

「自分はこんなに一生懸命《いっしょうけんめい》やってきたのに……」

そんな想いが、次から次に湧《わ》いてきたのです。

許斐さんは最初、「問題は辞めてゆく人たちにあって、自分は関係ない。悪いのはスタッフだ。自分は被害者」という気持ちでした。

なぜなら、看護師の緊急募集、配置換《が》え、指導員の募集、看護師長の交代など、許斐さんは「自分はできることはすべて尽《つ》くした」と思っていたからです。

## 190 項目の呼びかけ

当時、すでに「魂の学」の研修を重ねていた許斐《このみ》さんは、経営・医療・教育の専門分野のシリーズセミナーに参加し、「暗転《あんてん》の現実を自分に引き寄せる」ことに取り組んでいる最中でした。

暗転の現実を自分に引き寄せるとは、目の前にある様々な問題、課題（＝暗転）の原因を、自分がつくり出してはいなかったかと、自らの心と行いを振り返る（＝自分に引き寄せる）ことを意味します。

そのセミナーで、許斐さんは、仲間たちからこう言われたのです。

「自分の背中は見えないもの。1人では暗転の原因を本当に見抜《みぬ》くことはできない。辞《や》めていった人たちも含め、あなたのことをよく知る関係者のところへ行って、今回の事態についてヒアリングをしてみてはどうか」

それを聞いたとたん、許斐さんの心に抵抗が生じました。

「いったい何を言い出すのか。他人事《ひとごと》だと思って、気軽なものだ。どうして辞めていった人の話を聞きに行かなければならないのか。ばかばかしい。もともと危機的な状況にしたのは向こうであって、自分は被害者だ」

しかし、結局、仲間からの提案を断《ことわ》ることができず、渋々《しぶしぶ》、1人ひとりに耳を傾《かたむ》ける行脚《あんぎゃ》を始めました。強い抵抗を感じながらも、どうにもならない事態を目の前にして、やはり呼びかけを聴くべきだと心の底では思っていたからでしょう。

許斐さんは、退職していった看護師さんや師長さんのもとに赴《おもむ》き、「あなたの不利になるようなことはしないので、ぜひ教えてほしい」と、辞めた理由や、問題だと感じていたことを1つ1つ尋《たず》ねてゆきました。

それは、かつての許斐さんにとっては考えられないことです。

本当に勇気を出しての行動でした。

しかし、その結果に、許斐さんは驚愕《きょうがく》しました。

まったく想像もしなかったことが次から次へと出てきたのです。

「看護師の申し送りを聞くだけで回診《かいしん》をしない」「体制が整《ととの》わないのに患者さんを強引に入院させる」「カンファレンスは許斐先生の自己満足のためにやっているようなものだった」……等々、全部で190項目にも上る問題点が指摘されました。

許斐さんは、あまりの強烈さに吐《は》き気を催《もよお》し、数日間は、食事の味がわからなくなるほどでした。

とても受けとめることができず、問題点を記《しる》した紙を思わずくしゃくしゃにまるめてゴミ箱に投げ捨《す》ててしまい、しばらくして、気を取り直してそれを拾《ひろ》い出し、やっとの想いで再び読み直すこともありました。

しかし、行脚を重ね、関係者の話に耳を傾け続ける中で、許斐さんの中で何かが静かに崩《くず》れ始め、何かが新たに生まれ始めていました。

自分だったのではないか……。実は、この事態を引き起こしていた原因は自分にあることが見えてきたのです。とりわけ、「自分はできる。できない自分は見たくない」という心の傾きが意識化されるようになってゆきました。

そして、改めてその190項目に向き合ったとき――。

「患者さんを守りたいという願いがあっても、この自分を放置していたら、100年かかっても絶対に願いを成就《じょうじゅ》できない」。骨の髄《ずい》からそう思えたのです。

## 自分が「そうさせてしまったのだ」

最初は受けとめることも苦痛だったスタッフの声――。

その1つ1つに、許斐《このみ》さんは真摯《しんし》に向き合い続けました。

振り返ってみれば、看護師長に対しては、常に一方的な支配的関係をつくっていた。そのことによって、師長を退職にまで追い込《こ》んでしまったのかもしれない。

師長は、現場の様々な問題を私に伝えてきてくれていた。しかし、私はそれに対して聞く耳を持たなかった。師長が辞《や》めた後、スタッフに対してますます上意下達《じょういかたつ》になり、職場の様々な問題を吸い上げることができなくなっていた。これでは、スタッフが退職していったのも無理はない。

それは、「そうなってしまった」のではない。自分が「そうさせてしまったのだ」と受けとめることができるようになったのです。

暗転の現実を自分に引き寄せることができるようになったそのとき、だからこそ、「自分が変わることが必要だ」と思いました。そして、カンファレンスのシステムやスタッフとの関係をあるべき姿に近づけよう。自然とそう考えるようになっていたのでした。

自分は被害者。そう考えている間は、許斐さんは「結果ストリーム」から一歩も外に出ることはできませんでした。その中でもがいていた許斐さんが、「自分がそうさせてしまった」と心底《しんそこ》受けとめ、あの魂からやってきたヴィジョンのため、理想《ロマン》のために自分から変わろうとしたとき、「原因ストリーム」へのジャンプを果《は》たしたのです。

## 神経の病は治《なお》らないのか

許斐《このみ》さんが、エリート研究者から臨床医に転向した当時、重度《じゅうど》の心身障《しんしんしょう》がいを抱《かか》える子どもたちの治療は、予想していた以上に難《むずか》しいものでした。来る日も来る日も心を尽《つ》くし、力を尽くして治療にあたっても、思うような結果は出ませんでした。むしろ、日を追うごとに、虚無《きょむ》感と無力感が許斐さんの心にのしかかり、次第に追い詰《つ》められていったのです。

神経の病は治らない。手も足も出ない――。

許斐さんは、そんな絶望に支配されつつありました。研究者として約束された未来を捨《す》て、人生をかけて臨床医として再出発したにもかかわらず、その先行きは不透明なままでした。

周囲を見れば、かつての同僚が大学教授となり、エリート医師になっている。自分は、もうあの世界には戻《もど》れない……。

重症の患者さんを何とかしたいと思って飛び込《こ》んだのに、何もできない……。

あまりにつらく、地を這《は》うような苦しみの中で、すべてを忘れたいとお酒に逃げ、泥酔《でいすい》してしまうこともありました。しかし、いくら酔《よ》っても忘れられない。こんなにうまくない酒があるのか。自暴自棄《じぼうじき》になって、生活のリズムが随分《ずいぶん》乱れました。

神経の病に一矢報《いっしむく》いることはできないのか。いったいどうすればいいのか……。

その道は、遙《はる》か遠くにあるように思えました。

自らの意志で、まさに荒野《こうや》と言うべき臨床の現場に飛び込んでいった許斐さんは、苦渋《くじゅう》と辛酸《しんさん》をなめながら、それでも「子どもたちを助ける道はいずこに?」という魂からの公案《こうあん》を抱《いだ》いて、20年余の歳月を重ねていったのです。

その中でたどりついたのが、冒頭《ぼうとう》でお話しした「人間を魂と見る医療」でした。

たった5畳《じょう》の一室。そこにあるのは小さな机《つくえ》が1つだけ。診察台もベッドもない。ただ絨毯《じゅうたん》が敷《し》いてあり、そこに寝転《ねころ》がることができるようになっている――。

臨床医に転《てん》じた許斐さんが診察を始めたのは、そんな小さな部屋でした。

しかし、今、許斐さんは、こういった環境で子どもたちと出会う中にこそ、本当の医療――人間を魂と見る医療を実践する鍵《かぎ》があると信じています。

そこでは、医師と患者という次元だけではなく、人間と人間、魂と魂という次元の交流が生まれていたのです。

## 沈黙《ちんもく》の会話

先日、許斐《このみ》さんとお会いしてお話を伺《うかが》っていたとき、強く心が揺《ゆ》さぶられたエピソードがありました。こんなお話です。

あるとき、難病《なんびょう》の会に招《まね》かれた許斐さんは、そこで、昔から診療している子どもたちの母親と出会うことになりました。

1人のお母さんが、「許斐先生には20年間、お世話になりました。本当に感謝しています」と言われる。

そして、今でも、1年に1度、わざわざ新潟から子どもと一緒に、東京まで診療に出かけてくる。自分の子どもの病気はもともと治《なお》らない。そのことは、母親も、そして誰《だれ》よりも許斐さん自身が痛いほどわかっている。それでも、母親は、毎年1度、子どもと一緒に許斐先生のところに報告に来られるそうです。「何はともあれ、こうして無事《ぶじ》に1年過ごすことができました」。その感謝を伝えに来られるのです。

20歳を過ぎたその子も、最初は母親に連《つ》れられて来ているだけでしたが、今では、自分から「1年に1度、許斐先生のところに行きたい」と言うようになったそうです。

診察室で、障がいを持つお子さんを抱き、温かく話しかけながら、心身の状態を確かめてゆく許斐医師。たとえ言葉が話せず、身体が不自由でも、豊かな表情と全身の動きで精いっぱい応えるお子さんの姿——。そこには、深い信頼関係とコミュニケーションが成立していることが伺える。「障がいは、その子が魂として生きてゆくための条件にすぎません。どんなに障がいが重くても、魂は成長してゆくことができます」——そう確信する許斐医師の姿勢に癒され、救われたお子さんとその家族は数知れない。

では、この親子が上京すると、許斐さんは何をすると思われますか?

「よく来たねー」と満面《まんめん》の笑《え》みで迎《むか》え入れ、話をじっくり聴いてゆく。そしてまた、ニコニコして「また1年、頑張《がんば》ろうね」と声をかける。

その子は言います。「許斐先生と会えるのがものすごくうれしい」

そんな話をしながら、許斐さんは、「私には、こんなことしかできないんですよ」。

そう静かに言われるのです。

では、許斐さんは、この子を前にして、本当にただ笑っているだけなのでしょうか。決してそうではないと思うのです。

確かに、許斐さんの顔は、満面の笑みであったかもしれません。

しかし、許斐さんの心は、この家族が背負《せお》っている痛みや苦しみ、悲しみでいっぱいになり、その人生の重さ、尊《とうと》さを想う気持ちではち切れんばかりになっていたことでしょう。そして、「どうかこの親子に、神様の光をお与《あた》えください」と心から祈らざるを得なかったのです。

そこでは、許斐さんとこの子、そしてお母さんとの間に、沈黙の会話が交《か》わされていました。

その会話は、どんなに多くの言葉を連《つら》ねることよりも、どんなに多くの情報を与《あた》えることよりも、この親子に多くのことを伝えていたのです。

なぜ、そんなことが起こるのでしょうか。

それは、許斐さんが、人生をかけた転身《てんしん》の後、どうにもならない苦境《くきょう》の中で問わずにはいられなかった、「治らない病のために苦しむ子どもたちを助ける道はあるのか」――その魂の公案《こうあん》を胸に、この24年、闘《たたか》い続けてきたからではないでしょうか。

その歩みの中で見たこと、感じたこと、考えたこと……その一切《いっさい》の重みを背負って出会っているからこそ、こうした現実が生まれるということなのです。

そして、その出会い1つ1つが、実は、許斐さんに与えられた魂の公案に対する答えなのではないかと思うのです。

確かに重い神経の病は治ることはない。しかし、それでも、その患者さんの奥にある魂は、成長し続けることができる――。

1人ひとりとの出会いを重ねる中で、許斐さんはそう実感し、確信しています。

子どもたちの中にまどろむ魂を信じ、たとえ微《かす》かでもその力が現れてくることを信じて関わる。そんな医療実践を、今日も許斐博史さんは重ねています。

## 選択《せんたく》の時代がきた

今、時代は揺《ゆ》れ動いている――。

読者の皆さんも、そう実感されているのではないでしょうか。私たちを取り巻《ま》く社会の現実は、日増しに流動化の様相《ようそう》を強めています。

これまで確かだと思っていたものが確かでなくなり、これまで定石《じょうせき》だった仕事のやり方が通じなくなる。すでに敷《し》かれていたはずのレールもあてにできるものではありません。

かつては、医師や弁護士になれれば人生は安泰《あんたい》。そう思われていた時代がありました。しかし、今日、もしそんな気持ちで、志《こころざし》なく医師や弁護士になろうとしたら、現実とのギャップにうろたえることになるでしょう。たとえ、医師や弁護士になっても、恵まれた生活が保証されるわけではないからです。弁護士も医師も自分で開業するとなれば、そのリスクは決して小さなものではないのです。

私たちが暮《く》らしている国もそうです。戦後の焼け野原から大きな経済発展を遂《と》げて先進国の1つとなったわが国。しかし、「日本なら大丈夫」という漠《ばく》たる安心感も、今やまったく確かとは言えません。経済は回復しつつあると言われますが、庶民《しょみん》にはまだその実感はありません。周辺諸国とのあつれきは高まるばかり。かつては技術大国と言われた技術力にも翳《かげ》りが見えます。

日本ばかりでなく、世界も同じでしょう。中国やロシアなど新興国《しんこうこく》の台頭《たいとう》によって、アメリカの影響力は低下し、世界情勢は不安定さを増しています。EUもギリシャ問題で大きく揺れ動き、将来が不透明になっています。

「これさえあればもう大丈夫」「何かを頼りにして歩めばよい」、そんな時代はとうに過去のものです。

私たちの行く先も、足下《あしもと》の階段も、混沌《こんとん》としている。確かなもの、初めから明らかな答えは存在しません。

カオスの時代が轟音《ごうおん》を立ててやってくる！

まさに1人ひとりが自ら考え、選択する時代がきたということではないでしょうか。

## 誰《だれ》もが魂願《こんがん》センサーを抱《いだ》いている

1人ひとりが自ら考え、選択《せんたく》する時代。それは、1人ひとりが自らの内なるセンサーをはたらかせる時代だということです。

誰もが人生の中で直面する無数の「選択」。進学、就職、転職、結婚など、人生の節目《ふしめ》の選択ばかりではなく、日々の人間関係や仕事において、日常生活の心配事や問題に対して、はたまた買い物やバカンスといったことでも、選択はつきものです。

左に行くか右に行くか、前進か後退か、勝負に出るのか、それとも時を待つのか、たくさんの選択肢《し》の中からどれを選ぶのか……。どんな「選択」でも、自分で考え、判断するには、内なるセンサーをはたらかせなければなりません。

そして、その内なるセンサーが、本当にはたらかなければならないとき——。それは、人生の岐路《きろ》に直面したときでしょう。

私はどちらに向かって歩むべきなのか。

自分がやっていることが、自分が本当に願っていることなのか。

先ほどの許斐《このみ》さんは、脳神経科学の研究者として前途洋々《ぜんとようよう》たるキャリアを積み上げながら、心に違和感を覚《おぼ》え、「何か違う、何か違う」という想いを抱えたまま、人生の岐路を迎《むか》えました。

はたから見てどんな立派な立場であろうと、どんなに人が羨《うらや》むキャリアであろうと、それでも自らの内心が納得できない。自分はもっと痛みを抱《かか》え、苦しんでいる人のところに赴《おもむ》いて、その人たちと歩みたい――。

内なるセンサーがそのようにはたらいた結果、許斐さんは、輝《かがや》かしいキャリアを捨《す》て、臨床医として一から出発することになったのです。

私たち人間は誰もが、人生を超える魂の願いを抱き、人生の目的を持って歩んでいます。そして、誰《だれ》もが内なるセンサーを心の奥に持っているのです。

許斐さんの人生の選択――それは許斐さんの心の奥にある「魂の願い」によるものであり、許斐さんを「人生の目的」に導《みちび》くものでした。

自分は、心の底にある魂の願いに近づいているのか。それとも離れようとしているのか。許斐さんの内なるセンサーは、本当の願い、魂願をキャッチできたのです。

それは決定的に重要なことです。

なぜなら、来《きた》るべき未来、新たな人生の現実は、ヴィジョン、理想《ロマン》から始まるからです。歴史を振り返っても、政治や社会の変革、文明の革新《かくしん》・進化――いかなるものでも、新たな歩みは、1人が抱《いだ》いたヴィジョン、理想《ロマン》から始まる。それなしには何も始まらないからです。

内なるセンサーの大切さは、言葉に尽《つ》くせないほどです。

## 快苦《かいく》のノイズがセンサーの誤作動《ごさどう》を導《みちび》く

もちろん、私たちの内なるセンサーがいつも正しくはたらくとは限りません。むしろ、正しくはたらかせる方がずっとむずかしいのです。

普段、私たちは多くのノイズに惑《まど》わされているからです。その中で、私たちのセンサーにもっとも巨大な影響を与えてしまうのが、「快苦の振動《しんどう》」でしょう。

2章で述べたように、人は、生まれると宿命のように「快感原則」に絡《から》め取られ、「快苦の振動」の中で生きざるを得ません。あらゆる刺激を快苦の2つのグループに分け、マルかバツかのレッテルを貼り、一喜一憂《いっきいちゆう》を繰《く》り返してしまいます。

この「快苦の振動」に巻《ま》き込《こ》まれない人はいません。しかし、マルかバツかに翻弄《ほんろう》されていたら、人生の岐路《きろ》にふさわしい選択はできません。

許斐《このみ》さんが、退職したスタッフ1人ひとりに、その理由と意見を聴きに行脚《あんぎゃ》することを「やりたくない」と拒《こば》んだら、その後の許斐さんの足跡《そくせき》はまったく異《こと》なるものになったことは間違いありません。

3章の浅村さんも、浅村さんが関わる人たちのそれぞれの言い分に振り回され、それに嫌気《いやけ》を起こしていたら、小樽《おたる》の街《まち》の再々開発は実現不可能だったはずです。

1章の大山さんも、2章の橋本さんも、快苦に翻弄されていたら、今ある現実は夢のように消えてしまっていたでしょう。

快苦の振動を起こした心は、自分自身の本心がわからなくなっています。そして、一時《いっとき》の感情や、その場限りの思いつきによって、自分の中にある本当の願い、魂の願いを見失わせてしまうのです。

まさに快苦というノイズが侵入《しんにゅう》し、内なるセンサーが正常に作動しない状態です。

## 魂願《こんがん》センサーを磨《みが》く

選択《せんたく》の時代にあって、私たちは、自らの本当の願い、魂願にこそ、人生の錨《アンカー》を降《お》ろして、カオスに1つ1つ形を与《あた》えてゆくことが求められています。

そして、そのような人生のアンカリングのためにどうしても必要なのが、私たちのゆくべき道を正確に指し示す魂願センサーなのです。

では、その魂願センサーを磨くにはどうすればよいでしょうか。

たとえば、これまでの人生の足跡《そくせき》をたどることによって、快苦の振動がもたらすノイズをキャンセルし、魂願センサーを確かなものにしてゆくアプローチがあります。

それは、自分の人生の足跡に向き合い、それをなぞりながら、「なぜ」と問い続けてゆくことです。

「なぜ私は、この両親のもとに生まれたのだろうか」

「なぜ私は、この出来事に遭遇《そうぐう》したのだろうか」

「なぜ私は、この人と出会うことになったのだろうか」

「なぜ私は、この仕事に就《つ》いたのだろうか」

「なぜ私は、このとき、病を得たのだろうか」

「なぜ私は、これほどの苦しみを体験したのだろうか」

「なぜ私は、このとき、左には行かず、右に進んだのだろうか」

……

人は皆、自分がよかれと思う方向に人生を選び、歩むものです。その意味で、その都度《つど》その都度の理由はきっとあったでしょう。しかし、ここでは、表面上の理由ではない、もっと深くにある「必然」を尋《たず》ねていただきたいのです。

「なぜこのとき、それが現れなければならなかったのか」

「なぜ私は、それを経験しなければならなかったのか」

このように、人生の足跡を大きなまなざしでもう一度見つめ直してみると、実は、そのときには感じられなかった、人生を1つの方向に運ぼうとする見えざる力が明らかになることがあるのです。

「私が向かわなければならなかった新たな挑戦」

「育まなければならなかった心の筋肉」

「結ばなければならなかった関わりと絆《きずな》」

「やり直さなければならなかった志」……

1つ1つの出来事をつないでいる人生の秘密の糸が見えてくるのです。

人生の中で大切にすべき「魂の願い」——。初めからそれが明らかな人はまずいません。私たちは人生の中で、自らそれを求め、尋《たず》ねてゆくことを予定された存在なのです。

## 人生タイムマシンを起動させるとき

本書も、いよいよ結びに近づきました。最後に、もう一度、冒頭《ぼうとう》にお話しした「人生タイムマシン」のことを思っていただきたいのです。

許斐《このみ》さんの人生最大の選択《せんたく》――。それは、41歳で研究者として嘱望《しょくぼう》された未来を手《て》放《ばな》し、臨床の現場に向かうことを決意したときでした。

もしあのとき、許斐さんが、魂の促《うなが》しによるあの選択をしていなかったら、その後、どのような人生になっていったでしょう。それを確かめる術《すべ》はありません。

ただ、許斐さんの傍《かたわ》らで、あの日からずっと伴走《ばんそう》させていただいてきた私に、確かに1つ言えることは、あの選択がなければ、本書の中でお話ししたような1つ1つの物語は、この世界から消えてしまっていたということです。

24年前の選択について、許斐さん自身はこのように語っています。

今振り返ってみても、あのときの選択の確信に揺《ゆ》るぎはありません――。

もちろん、研究者として、基礎研究を通して患者さんの命を助けるという仕事は、尊《とうと》い仕事であると思っています。それは、この世界になくてはならない仕事であり、その仕事を通して、人生の使命を果《は》たす人たちもいることでしょう。

しかし、少なくとも自分に関して言えば、私の魂の願いは、そこにはなかったように思います。私は、患者さんに直接触《ふ》れることができる場所で、患者さんに寄り添《そ》って、患者さんと共に病と闘《たたか》う人間なのです。

もしあのとき、あの選択をしていなかったら——。

きっと、自分は生きる目的を失い、日々の業務の動機をなくして、人生を漂流《ひょうりゅう》していたと思います。研究業績の評価に一喜一憂《いっきいちゆう》し、他者との比較に揺《ゆ》れ動き、その快苦《かいく》の振動《しんどう》に消耗《しょうもう》していたに違いありません。そのことは、誰《だれ》よりも、自分が一番よくわかっているつもりです。

24年前、許斐さんが、「結果ストリーム」の中にいたら、どうだったでしょう。

その時間の流れの中で生まれていたのは、欧米の大学で重ねた輝《かがや》かしい業績《ぎょうせき》と、それを土台とした国立研究所の部長、あるいは大学教授という立場——。それが約束された未来であったと思うのです。

しかし、その場所にいては、その後、今日を導《みちび》くことになるカオスを見ることは決

研修の合間をぬって、許斐さんと語り合う著者。研究者から臨床医への転換を果たした当時の許斐さんの心の疼きと直観が、その後の未来を大きく変え、どれだけ多くの苦しむ人を救うことにつながっていったのか――その真相を改めて掘り下げてゆく。さらに、著者が考える医療の未来の構想、ヴィジョンを具体的に伝える中で、許斐さんが果たすべき新たな使命へと誘う。

してなかったでしょう。

そして、なぜか許斐さんは、その「結果ストリーム」から「原因ストリーム」へのジャンプを果たすことになった。ジャンプした先で、その後、24年を経てその人生に現れることになる結果を導《みちび》く原因をつくり出したのです。

なぜ許斐さんは、あのとき、快苦の振動に呑《の》まれることがなかったのでしょうか。なぜ許斐さんの魂願センサーは、正確に24年後の未来を指し示《しめ》したのでしょうか。

私は、そこにこそ人間の魂の力が現れていると思うのです。

その選択の確信をもたらしたもの――。その見事さ、清々《すがすが》しさは、あたかも、当時の若かりし許斐さんがタイムマシンに乗って、24年後の自ら自身の活躍を見ていたような感慨《かんがい》さえ抱《いだ》かせます。

今の自分の境涯《きょうがい》を思い、自分が果たしている役割を知り、そのような人生が未来に開かれていることを知ったら――。

もはや、その人生の選択を決めることは、必至《ひっし》の結論であったことでしょう。

あのときのあの確信は、時空《じくう》を超えた、24年後の未来のデジャヴ（既視感《きしかん》）によってもたらされたということなのです。

私たちの魂には、そういう力が宿《やど》っています。

そして、その力は、あなたの中にも備わっているのです。

あなたの未来は変えられる！

そのための「人生タイムマシン」の起動スイッチを押すのは、あなた自身です。

## ◎本書の内容をさらに深く知りたい方へ

本書の内容をさらに深く知りたいと思われる方には、高橋佳子氏が提唱する「魂の学」を学び実践する場、GLA があります。
詳しくは下記までご連絡ください。

GLA
〒111-0034 東京都台東区雷門 2-18-3　Tel.03-3843-7001
http://www.gla.or.jp/

また、高橋佳子氏の講演会が、毎年、全国各地で開催されています。
詳しい開催概要等については、以下までお問い合わせください。

高橋佳子講演会実行委員会
お問い合わせ専用ダイヤル Tel.03-5828-1587
http://www.keikotakahashi-lecture.jp/

著者プロフィール
高橋佳子（たかはし けいこ）

1956年、東京生まれ。現代社会が抱える様々な課題の根本に、人間が永遠の生命としての「魂の原点」を見失った存在の空洞化があると説き、その原点回復を導く人間観・世界観を「魂の学」として集成。日々の生活を魂研鑽の機会として生きる「魂主義」を提唱し、その実践原則と手法の体系化に取り組む。講義や講演に際して行う対話指導では、人生を転換し、社会への貢献を生き始めた人々の歩みがひも解かれ、受講者が深い感動とともに魂の実感へと誘われている。現在、各種勉強会を実施しているGLAを主宰し、講義や個人指導は年間300以上に及ぶ。あらゆる世代・職業の人々の人生に寄り添うかたわら、日本と世界の未来を見すえて、経営・医療・教育・法務・芸術など、様々な分野の専門家への指導にもあたる。1992年から一般に向けて各地で開催する講演会には、これまでに延べ約100万人が参加。主な著書に、『魂主義という生き方』『1億総自己ベストの時代』『希望の王国』『魂の発見』『新・祈りのみち』『あなたが生まれてきた理由《わけ》』（以上、三宝出版）ほか多数。

未来は変えられる！——試練に強くなる「カオス発想術」

2015年9月29日 初版第1刷発行
2015年10月2日 初版第2刷発行

著　者　高橋佳子
発行者　仲澤敏
発行所　三宝出版株式会社
〒111-0034 東京都台東区雷門2-3-10
電話 03-5828-0600　http://www.sampoh.co.jp/
印刷所　株式会社アクティブ
装　幀　田形斉［IRON MAMA co.ltd］


ISBN978-4-87928-100-5